GABRIELE KLINGER
CHRISTINA DUVE

Das Rezeptbuch

Die 5 Elemente-Küche

für jeden Tag

blv

Inhaltsverzeichnis

Vorwort

Wir essen und kochen beide gerne. Was lag also näher, als das Thema Ernährung zu unserem Beruf zu machen? So sind wir auf unterschiedlichen und abwechslungsreichen Wegen Ernährungsberaterinnen geworden. Die praktische Umsetzung der Gerichte am eigenen Herd spielt dabei eine große Rolle. Die gute Resonanz auf unsere Rezepte, von unseren Patienten und den Teilnehmern unserer Kochkurse, hat uns dazu motiviert, dieses Buch zu verfassen. Unser Spezialgebiet ist die 5-Elemente-Ernährung, die ihre Wurzeln in der Traditionellen Chinesischen Medizin hat. Gemeinsam ist deshalb allen Rezepten, dass wir sie in diesem Sinne überarbeitet haben. Das bedeutet, wir haben ihre Bekömmlichkeit überprüft und durch Kräuter, Gewürze und Zubereitung verbessert. Dieses Buch ist unsere persönliche Sammlung von Rezepten, die sich an allen Tagen bewährt haben, gut schmecken und außerdem bekömmlich sind – Leibspeisen im wahrsten Sinne des Wortes. Sie finden darin Gerichte aus unserer Kindheit, die wir immer noch mit Begeisterung essen. Daneben gibt es Rezepte, die ihren Ursprung in anderen Ländern haben, Kreationen aus unserer eigenen Küche und Lieblingsrezepte unserer Freundinnen und Freunde. Zu fast jedem Rezept gibt es Tipps, Variationen, Vorschläge zur Kombination mit anderen Gerichten und Ideen zum Vorkochen, Konservieren und Mitnehmen – Hilfestellungen für den Alltag. Zur Beantwortung der Frage »Was essen wir heute?« finden Sie für die verschiedenen Tages- und Jahreszeiten Rezeptvorschläge. Unser Werkzeugkasten mit Warenkunde ist ein Vorschlag zur Grundausstattung Ihrer Küche mit Zutaten und Arbeitsgeräten. Er soll Einkauf und Kochen erleichtern.

Kurz gesagt, lautet unser Slogan: Klappt gut, schmeckt gut, tut gut.

Wir wünschen Ihnen viel Freude und Genuss beim Zubereiten und Essen!

Gabriele Klinger und Christina Duve

Die 5-Elemente-Ernährung: Genuss und Bekömmlichkeit aus einem Topf

Warum kochen wir eigentlich?

Die einfache Antwort lautet: Wir wollen, dass unser Essen gut schmeckt und dass es uns wohl bekommt. Die Zubereitungsmethoden aller Kulturen entwickelten sich aus der Notwendigkeit heraus, das Nahrungsangebot der Natur für den Menschen genießbar zu machen. Dies betrifft sowohl den Geschmack als auch die Bekömmlichkeit. Die wichtigsten Erkenntnisse waren: Viele Nahrungsmittel werden erst durch die Zufuhr von Hitze, sprich Kochen, verdaulich und genießbar. Ganze, ungekochte Getreidekörner sind eine Überforderung für unsere Zähne und für unseren Magen, aber als Getreidebrei, aus Flocken und Grieß gekocht, oder als Brot, aus Mehl gebacken, ein satt machender und kräftigender Genuss.

Die Menschen lernten, dass durch langes Köcheln eine Suppe mit Huhn zu einer wärmenden Kraftbrühe wurde. Und Rezepte entstanden, weil die Kombinationen von Getreide, Fleisch, Fisch, Gemüse und Obst mit den passenden wohlschmeckenden Kräutern und Gewürzen die Bekömmlichkeit um ein Vielfaches erhöhten. Dieses alte Wissen wurde über Generationen hinweg weitergegeben und gleichzeitig veränderten Lebensbedingungen und neuartigen Einflüssen angepasst. So hielten über die Jahrhunderte hinweg durch die Entdeckung anderer Länder und Kulturen Kartoffeln, Tomaten, Paprika, Kaffee, Tee, Zimtrinde, Pfeffer, Nelken und vieles mehr Einzug in unseren Speiseplan. Das führte oft erst einmal zu recht verrückten Ideen bei der Anwendung, aber mit der Zeit lernten die Menschen, bekannte und fremde Zutaten geschickt zu kombinieren, und es entstanden neue wunderbare Rezepte.

Ebenso wie die Köche und Köchinnen am heimischen Herd und in den Gaststuben beschäftigten sich im Laufe der Zeit alle Heilkundigen mit der Wirkung von Nahrung. So kam eine Menge Wissen über die Heilkraft der einzelnen Nahrungsmittel, Gewürze und Küchenkräuter zusammen und allmählich begriffen die Menschen, wie sich die Nahrungsmittel als »Rezeptur« gegenseitig ergänzen und ihre Heilwirkung im täglichen Einsatz um ein Vielfaches besser entfalten. Das alles enthält der einfache Satz: Gutes Essen ist Medizin, die nicht bitter schmeckt.

Wie erklärt die 5-Elemente-Lehre die heilende Wirkung von Nahrung?

Der Leitgedanke ist die Bekömmlichkeit der Nahrung. Das heißt, wir können alles essen, solange es auch vollständig verdaut wird. Die Inhaltsstoffe müssen nicht nur aufgenommen werden, sondern auch mit Hilfe eigener Körperenergie, Qi genannt, umgewandelt und gleichzeitig an die Stellen im Organismus transportiert werden, wo sie gebraucht werden. Überflüssiges muss ausgeschieden werden. Das Ganze sollte ohne Beschwerden und eigentlich unbemerkt ablaufen. Wenn das funktioniert, spricht die chinesische Medizin von einer gesunden Ernährung. Nahrungsmittel werden daher nicht nur nach ihren einzelnen Inhaltsstoffen beurteilt, sondern auch danach, wie sie als Gesamtkonzept diesen Umwandlungsprozess unterstützen.
Wie geschieht das? Die 5-Elemente-Lehre ist ein Erklärungsmodell der chinesischen Medizin, das zeigt, wie Phänomene unseres Universums miteinander in Verbindung stehen – sich unterstützen oder kontrollieren. Dazu gehören auch die **»5 Geschmäcker«**. Ein Geschmack spielt für die Bewegungsrichtung der Energie im Organismus eine Rolle, zusätzlich sorgt er für die ihm zugeordneten Organe.

Süß ist der Geschmack für »unsere Mitte« – für Magen, Milz und Bauchspeicheldrüse. Die Grundnahrungsmittel Gemüse, Getreide und Fleisch haben einen hohen Süßanteil, der durch Kochen verstärkt wird. Süß beruhigt, nährt und wirkt ausgleichend. Deshalb fühlt man sich nach einem guten, gekochten Essen zufrieden und satt und die Lust auf sehr starke »Süß-Mittel« verschwindet. Damit die Nahrung nicht nur im Magen liegen bleibt, sondern ihre Wirkung für den ganzen Organismus entfaltet, gibt es die vier anderen Geschmäcker, die hauptsächlich durch Kräuter, Gewürze, Salz und Säure von Essig oder Zitrussaft ihren Einfluss ins Essen bringen. Sie haben die Funktion der Umwandlung, des Transports und des Haltens am rechten Platz.

So wirkt der **scharfe** Geschmack bewegend, löst Stau und bringt die Energie nach oben und außen. Er hilft dadurch der Lunge in ihrer wichtigen Funktion als Abwehrorgan. Trinken Sie deshalb einen heißen Ingwertee, wenn Sie frösteln und Bedenken haben, dass Sie eine »Erkältung« bekommen.
Der **bittere** Geschmack hat eine Wirkrichtung nach unten, eine wichtige Funktion für das Ausscheiden von Überflüssigem. Denken Sie nur an die vielen verschiedenen Bitterliköre als Verdauungsmittel, aber auch an Bitteranteile in Rucola, Chicorée, Kurkuma, Bockshornkleesaat oder an Bitterstoffe, die beim Anbraten oder Rösten entstehen. Daher sind ein bitterer Espresso oder eine Tasse grüner Tee eine gute Wahl nach dem Essen.
Saures zieht zusammen, wirkt bewahrend und adstringierend. An einem heißen Tag verhindert ein Spritzer Zitronensaft in einem Glas Wasser extremes Schwitzen. Zusätzlich hilft die Säure von unpasteurisiertem Essig oder Zitrone mit ihren wichtigen Bausteinen zur Enzymbildung bei der Umwandlung von Fett und Eiweiß. Deswegen gibt es das Stück Zitrone zu Schnitzel oder paniertem Fisch nicht als Dekoration, sondern als sinnvolle, erprobte Verdauungshilfe.
Der **salzige** Geschmack hilft, unsere Grundsubstanzen zu speichern und zu erneuern, und gleichzeitig wirkt er auflösend. Salzigen Geschmack haben vor allem Nahrungsmittel, die viele Mineralien enthalten. Zuerst natürlich »das Salz«, das auch eine wichtige Funktion zur Unterstützung von anderen Aromen erfüllt. Wir kennen den Spruch: »Das ist das Salz in der Suppe«, d. h. der letzte »wichtige Pfiff«, damit etwas nicht fade ist. Zusätzlich rechnet man zum salzigen Geschmack alles, was aus dem Wasser und dem Meer kommt, wie z. B. Fische und Algen. Algen werden als kühlendes, beruhigendes und Stagnationen lösendes Mittel eingesetzt, z. B. bei Hitzewallungen oder Schlafstörungen in den Wechseljahren.
Damit also das »Qi« in alle Richtungen fließen kann, sollten, wenn möglich, alle Geschmäcker in einem Gericht vorhanden sein. Deshalb gibt es auch in traditionellen Speisen und in unseren Rezepten immer eine Prise Salz, etwas geriebene Zitronenschale,

einen Hauch bitteren Kakao und etwas Kardamom oder gemahlenen Ingwer in den Süßspeisen. Dieselbe Wirkung erfüllen ein Teelöffel Süßmittel, eine Spur bitter-süßes Paprikapulver und Senf in einem sauren Dressing. Es entsteht dadurch ein ausgewogener Wohlgeschmack – es schmeckt »rund«. Deshalb kochen wir z. B. »süße« Kartoffeln mit »scharfen« Zwiebeln und Majoran, »Salz«, »saurem« Zitronensaft und »bitterem« Bockshornklee zu einer bekömmlichen Kartoffelsuppe, die durch alle vertretenen Geschmäcker den Organismus umfassend versorgt.

Neben den 5 Geschmäckern spielen die **5 Temperaturwirkungen** eine entscheidende Rolle. Nahrungsmittel kühlen, erfrischen, verhalten sich neutral, erwärmen oder erhitzen. So sind Chilischote und Rettich vom Geschmack her eindeutig »scharf«, aber Chili ist »scharf-heiß« und Rettich »scharf-erfrischend«.
Die erfrischenden, kühlenden Nahrungsmittel dienen vorwiegend dem Aufbau von Blut und Körpersäften, von Substanz. Damit wird der **»Yin-Aspekt«** unseres Körpers bezeichnet, der uns hilft, gelassen zu sein, zur Ruhe zu kommen und auf dem Boden zu bleiben. Diese Nahrungsmittel sind eher saftig, von feiner Struktur und mildem Geschmack und wachsen in der Regel auch eher in den warmen Jahreszeiten zur Erfrischung und zum Schutz vor Austrocknung. Dazu gehören Gurken, Melonen, Tomaten, Spinat, Spargel, Beerenfrüchte und grüne Blattsalate. Aber auch saftig gekochte Speisen wie Suppen, Kompotte, Soßen haben einen starken Yin-Anteil. Diese sind vor allem ab dem Nachmittag eine Hilfe, da sie die Energie nach unten bringen, beruhigen und somit den Schlaf fördern. Wir empfehlen dann z. B. unsere Weizengrießsuppe, da Weizen ein erfrischendes Getreide ist, oder einen saftigen Salat aus gekochten Roten Beten.
Der **»Yang-Aspekt«** unseres Körpers steht für Energie, Bewegung, klares Denken und unsere Libido. Damit unser Blut und die Körpersäfte im Fluss bleiben und Stagnation nicht zu Schmerzen und Krankheiten führt, müssen sie bewegt werden, aber auch harmonisch fließen. Da wärmende Nahrungsmittel unser »Qi« bewegen, gehören sie zu den Yang-Nahrungsmitteln. Sie helfen uns morgens auf die Sprünge, feuern unsere Verdauung an und wärmen in den kühleren Jahreszeiten. Wenn wir häufig frieren, uns verspannt und ohne Pep fühlen, benötigen wir eventuell auch etwas mehr davon. Yang-Nahrungsmittel haben starke Aromen, wie z. B. Gewürze, einen kräftigen Geschmack und Geruch, wie Lamm- oder Wildfleisch, die wärmenden Fleischsorten, und festere Struktur, wie Kohl, Lauch oder Zwiebelgewächse. Rezepte sind nichts anderes als geschickte Kombinationen von Yin- und Yang-Nahrungsmitteln, passend für den Tagesablauf und das aktuelle Klima in den Jahreszeiten. Die säuerlich-kühlende Tomate bleibt auch nach dem Kochen ein erfrischendes, Blut und Säfte aufbauendes Nahrungsmittel, aber man kann sie **»yangisieren«**, indem man sie mit bitter-warmem Thymian, scharf-heißem Chili und scharf-warmem schwarzem Pfeffer würzt. Ein Teelöffel süß-neutraler Rohrzucker rundet das Ganze dann wieder ab. Ein warmes Lammfleisch bekommt eine erfrischende Note durch das Mitkochen von Tomate, Zucchini und Zitrone. Es wird dadurch **»yinisiert«** und ist dann auch für »Hitzköpfe« eher geeignet. Trotzdem ist es keine empfehlenswerte Abendmahlzeit, da die stark erwärmende Grundnote bleibt.
Für »Frierhutzeln«, ein typisch hessischer Ausdruck, wäre an einem kalten Tag eine Mittagsmahlzeit bestehend aus Lamm in Rotwein, mit Zwiebeln und Knoblauch geschmort, eine gute Entscheidung. Deshalb empfehlen wir Ihnen, an einem kühlen Herbsttag eine warme Kürbissuppe mit scharf-warmen Gewürzen wie Ingwer, Lorbeer und Majoran zu essen, und nicht Tomaten mit Mozzarella – vor allem, wenn Sie viel frieren. Die »Verbrennung«, sprich die Verdauung, würde blockieren, und das wollen wir gerade nicht. Bei Sommerhitze dagegen sind sonnengereifte Tomaten ein tolles Mittel zur Erfrischung und der säuerliche Geschmack bewahrt uns vor zu starkem Schwitzen. Das wärmende, die Verdauung anregende Basilikumblatt und etwas frisch gemahlener schwarzer Pfeffer bringen »Bewegung« in dieses Gericht.

7 Tipps: Mit Genuss essen, was uns schmeckt – bewusst auswählen, was uns bekommt

Unsere Rezepte sind nach den Regeln der 5-Elemente-Ernährung überarbeitet. Die wichtigsten Regeln für den Alltag finden Sie in den folgenden 7 Tipps.

1. Verwenden Sie frische Zutaten von guter Qualität statt Kunstnahrung

Unser Organismus hat in Jahrtausenden gelernt, bestimmte Nahrungsmittel aufzunehmen, zu verdauen und an die richtige Stelle im Körper zu schicken. Somit entstehen jeden Tag aus der Nahrung neue Zellen für Knochen, Muskeln, Haut und daneben Blut und Energie. Das steckt hinter dem Satz »Du bist, was du isst«.
Die letzten Jahrzehnte haben uns eine Schwemme von Kunstprodukten in der Ernährung beschert. Fertiggerichte, Fertigsoßen und Tütensuppen mit Aromastoffen, Süßstoff, Stabilisatoren, Emulgatoren und Konservierungsstoffen verwirren das erprobte Verdauungssystem. Sie verhindern eine erfolgreiche Versorgung des Körpers mit dem, was er braucht. Die Folgen sind oft Übergewicht, Allergien und Verdauungsstörungen. Wir empfehlen daher: Gehen Sie direkt auf den Wochenmarkt oder im Supermarkt nur in die Gemüseabteilung! Steigern können Sie Genuss und Bekömmlichkeit noch mit Bio-Ware. Je mehr Geschmack und Aroma in der Karotte sind, desto größer ist die positive Wirkung auf unseren Körper. Unter »frischen Zutaten« verstehen wir übrigens nicht »frisch aufgetaut«. In Tiefkühlkost mögen zwar noch Vitamine enthalten sein, doch eine Erfahrung aus unserer Praxis ist, dass sie die Verdauung blockiert.

2. Kochen Sie mit den Jahreszeiten

Sie kennen sicher das Bedürfnis, im Frühjahr bei den ersten warmen Sonnenstrahlen wieder mehr Frisches, Grünes essen zu wollen. Im Herbst und Winter gibt es oft nichts Besseres als ein warmes Süppchen oder einen deftigen Eintopf. Ohne lange Bedenken signalisiert uns unser Körper, was ihm zurzeit wohl bekommen würde. Die passenden Nahrungsmittel liefert dann die Natur dazu. Denn was in der Jahreszeit in unserer Region wächst, passt hervorragend zu dem, was wir gerade an Stoffen brauchen. Kleine Mengen »Exotisches« mitverwendet, geben den nötigen Pepp.

3. Verwenden Sie regelmäßig frische und getrocknete Kräuter und Gewürze

Sie bieten uns wegen der starken Wirkung ihrer ätherischen Öle nicht nur Geruchs- und Geschmackserlebnisse, sondern beste Hilfe beim Verdauen. Dadurch erklärt sich auch, warum künstliche Aromen nicht bekömmlich sind, sondern eher belastend wirken. Die frischen Kräuter mit ihrem Grün liefern uns außerdem Stoffe für den Blutaufbau und Bausteine für Enzyme. Wer sich einmal die Mühe macht, in einem alten Lehrbuch über Nahrungsmittelkunde die Wirkbeschreibungen von Petersilie oder Majoran zu lesen, wird in Zukunft mit noch mehr Begeisterung würzen. Der Genuss und das Lob für Ihre Kochkunst sind dann fast immer garantiert.

4. Gönnen Sie sich jeden Tag gekochtes Essen

Warum gibt es wohl in allen Kulturen aufwändige Verfahren, um aus Getreide Brei oder Brot herzustellen? Weil die Menschen am eigenen Leibe erfahren haben, dass es so bekömmlicher ist. Alle Zubereitungsmethoden, nicht nur das Kochen mit Hitze, dienen diesem Zweck: vom Zerkleinern über Einweichen, Marinieren und Beizen bis hin zum Kochen, Dünsten, Braten und Schmoren. Nicht nur die Zubereitungsarten, sondern auch die geschickte Kombination verschiedener Zutaten erleichtert unserem Körper die Verdauung – und alles läuft wie geschmiert!

5. Essen Sie morgens wie ein Kaiser, mittags wie ein Bürger und abends wie ein Bettler

Dieses alte Sprichwort hat auch heute noch seine Berechtigung. Die wichtigste Mahlzeit des Tages ist und bleibt das Frühstück. Es gibt uns die nötige Energie für die erste Tageshälfte, wenn der Bedarf am größten ist. Idealerweise ist es daher auch gekocht und enthält regelmäßig Eiweiß. Unsere Frühstücksrezepte erkennen Sie am Sonnensymbol. Das Mittagessen sollte ähnlich aussehen, spätestens jetzt sollte man die Zufuhr von Eiweiß sicherstellen, falls das beim Frühstück noch nicht geschehen ist. Nach 19 Uhr haben unsere Verdauungsorgane ihren Leistungstiefpunkt erreicht. Daher sollte man abends nicht zu viel essen, vor allem nicht zu spät und auch kein Fleisch und keine Rohkost. Die Rezepte, die für ein Abendessen geeignet sind, erkennen Sie am Mondsymbol. Hilfreich für Verdauung und Bekömmlichkeit sind regelmäßige Essenszeiten. Konkrete Vorschläge finden Sie im Kapitel »Was essen wir heute?«.

6. Die Mischung macht's

Auch wir empfehlen viel Gemüse und regelmäßig Obst, allerdings davon nur kleine Mengen als Rohkost. Getreidegerichte sättigen und stärken uns. Regelmäßig kleine Mengen Eiweiß in Form von Fleisch, Fisch, Ei, Hülsenfrüchten, Nüssen, Samen und Pilzen bringen Energie und Kraft. Kleine Mengen grüne Blattsalate als Beilage und frische Kräuter liefern die nötigen Vitamine, erfrischen und ergänzen das Blut. Milchprodukte empfehlen wir in geringeren Mengen als die westliche Ernährungslehre, da sie aus unserer Erfahrung in der Beratungspraxis schwer bekömmlich sind und schnell verschleimend wirken. Daher finden Sie keine Sahnesoßen oder mit Käse überbackene Gerichte in unseren Rezepten. Gegen ein Löffelchen Sahne zur Abrundung einer Suppe oder Soße ist wiederum nichts einzuwenden. Hochwertige Öle und Butter schmieren unser System und machen uns geschmeidig. Margarine und gehärtete Fette dagegen verstopfen das System.

7. Machen Sie Ihr Essen zu einer Ruheinsel im Tagesablauf

Unsere Nahrung ist die wichtigste Quelle, um täglich unsere Energiespeicher zu füllen. Daher unser Tipp: Widmen Sie Ihrem Essen Zeit und Aufmerksamkeit. Zum Tanken Ihres Autos halten Sie schließlich auch an, oder? Decken Sie den Tisch schön oder suchen Sie sich auch in der Kantine einen ansprechenden Platz aus. Nehmen Sie sich Zeit zum Essen. Nette Gesellschaft kann den Essensgenuss noch erhöhen, belastende Gespräche hingegen machen das beste Essen oft ungenießbar und unbekömmlich.

Wichtiger Hinweis!

Sollte die Einhaltung dieser Tipps Sie gelegentlich unter Druck setzen, weil Sie z. B. keine Zeit zum Kochen finden, auf Reisen sind, Ihre Familie sich querstellt oder Sie einen akuten Schokoladenanfall haben, so empfehlen wir, nachsichtig mit sich umzugehen. Am unbekömmlichsten und genussfeindlichsten ist Stress!

Unser Werkzeugkasten – Arbeitsgeräte und Zutaten für unsere Rezepte

Arbeitsgeräte

Neben der üblichen Küchenausstattung legen wir vor allem Wert auf **scharfe Messer**, da Sie beim Kochen mit frischen Zutaten nicht um Schnippeln und Schneiden herumkommen. Damit geht die Arbeit sehr viel leichter und auch sicherer von der Hand. Als Schneideunterlage empfehlen wir außerdem ein stabiles **Arbeitsbrett aus Holz**. Es wirkt auf natürliche Weise antibakteriell, und die Messer werden nicht so schnell stumpf wie auf anderen Materialien. Da wir in unseren Rezepten viel Zitrusschalen verwenden, lohnt sich auch die Anschaffung eines **Zestenreißers**. Damit reißt man feine Streifen von Zitrusschalen, um sie dann fein zu hacken.

Guss- oder schmiedeeiserne Pfannen sind zwar schwer, mit ihnen erzielt man aber die besten Bratergebnisse und sie sind lange haltbar. Neueste Studien weisen außerdem nach, dass kleinste Mengen an blutbildendem Eisen beim Kochen in das Kochgut übergehen. Ein wunderbarer Nebeneffekt! Seien Sie nicht enttäuscht, wenn Ihnen anfangs in der neuen Pfanne nicht alles gelingt. Sie braucht ihre Einbackzeit. Danach können Sie auch mit sehr wenig Fett Omelett darin zubereiten, ohne dass es anklebt.
Das funktioniert auch mit **Edelstahlpfannen**, die allerdings einen schweren Boden haben sollten. Beschichtete Pfannen sind also unnötig.
Edelstahltöpfe sollten ebenfalls einen schweren Boden haben, damit die Hitze gespeichert und gleichmäßig verteilt wird. Achten Sie darauf, dass sie keine Kunststoffgriffe haben. Dann können Sie sie auch problemlos in den Backofen stellen. Wenn Sie bisher keinen **Bräter** besitzen, lassen Sie sich ein Exemplar aus Gusseisen oder Email zum Geburtstag schenken. Darin lassen sich, neben unseren Schmorgerichten, auch unsere Suppen hervorragend herstellen.

Zutaten

Qualität, Qualität, Qualität!

Wir werden immer wieder gefragt, warum unsere Gerichte so gut schmecken und so guttun. Neben der Zusammenstellung und der jahreszeitlichen Auswahl liegt das auch an der Qualität der Zutaten: von Gemüse über Fleisch bis hin zu Butter und Essig.
Wir verwenden, soweit möglich, Zutaten aus kontrolliert biologischer Herstellung. Das bedeutet bei Anbau oder Aufzucht weniger Schadstoffe und bei der Verarbeitung die Verwendung traditioneller, natürlicher Herstellungsverfahren. Unser Verdauungsapparat wird nicht durch unbekannte, künstliche Stoffe verwirrt, sondern mit einem vertrauten Angebot an echten Nährstoffen versorgt. Gerade die kleinen Zutaten wie Essig, Öl und Gewürze wirken positiv auf unsere Gesundheit und den Geschmack ein. Von den guten Zutaten benötigt man oft weniger, um Geschmack und Wohlbefinden zu erreichen, sodass auch der höhere Preis der Lebensmittel verkraftet werden kann. Das Bio-Angebot wächst ständig und es wird immer einfacher, sich mit natürlichen hochwertigen Lebensmitteln einzudecken.
Mit einem Gemüse-Abonnement, über Katalog- oder Internetbestellungen werden Ihnen die Sachen sogar nach Hause oder zu Ihrer Arbeitsstätte gebracht. Bewährte Bezugsquellen und Hersteller finden Sie auf Seite 142 aufgelistet.

Was wir immer im Haus haben

Wir verwenden **Meersalz**, das durch Verdunstung aus Meerwasser gewonnen wird, oder **Steinsalz**, das aus Meerwasser stammt, das vor Millionen Jahren verdunstet ist und nun aus unterirdischen Lagern abgebaut wird. Beide sollten den Zusatz »unraffiniert« auf dem Etikett haben. In diesen unbehandelten Salzen, ohne Rieselhilfen und Jod, gibt es viele wertvolle Mineralsalze und Spurenelemente. »Normales« Kochsalz besteht meist nur noch aus Natriumchlorid.

Kleine Mengen Süßmittel runden vieles ab. **Agavendicksaft** verwenden wir zum Süßen von Salatdressing. Der eingekochte Saft der Agaven hat eine höhere Süßkraft als Zucker. Sein Geschmack ist eher neutral. Er enthält als Kohlenhydrat ausschließlich Fruchtzucker und ist daher als Süßungsmittel für Diabetiker geeignet. Im Übrigen verwenden wir **Roh-Rohrzucker**. Er enthält im Gegensatz zum unraffinierten Vollrohrzucker zwar etwas weniger Mineralstoffe, ist aber besser zu verarbeiten und milder im Geschmack. Die Zusatzstoffe werden beim handelsüblichen raffinierten, weißen Zucker gänzlich abgetrennt. Große Mengen davon führen deshalb oft zu Problemen im Verdauungstrakt. »Brauner Zucker«, wie er oft im Supermarkt angeboten wird, ist mit Melasse wieder eingefärbter weißer Zucker oder wird durch Karamellisierung aus weißem Zucker gewonnen. **Honig** besitzt wertvolle Inhaltsstoffe, die durch Erhitzen verloren gehen, deshalb lieber nicht zum Kochen und Backen verwenden, sondern ab und zu als wertvolle kleine Ergänzung zum Essen oder in warmen Tee geben.

Je nach Gericht kommen **unpasteurisierter Weiß- oder Rotweinessig** oder **Balsamico-Essig** zum Einsatz. Essig beschleunigt die Fettverbrennung, reduziert signifikant das Süßigkeitsverlangen und regt die Bauchspeicheldrüse zu einer vermehrten Produktion der Verdauungssäfte an. Damit sich aus Wein oder Obst mit Hilfe von Essigbakterien, Sauerstoff und Alkohol diese wertvolle Verdauungshilfe entwickeln kann, braucht es einige Zeit. Daher ziehen wir den natürlich herangereiften, nicht durch Erhitzen haltbar gemachten Essig dem in kürzester Zeit vergorenen pasteurisierten Industrieprodukt vor. Balsamico-Essig, der aus eingekochtem Most süßer weißer Trauben gewonnen wird, sollte außerdem keine weiteren Zusätze wie Zucker oder Kräuterextrakte enthalten.

Zum Braten verwenden wir **Olivenöl** oder **Sonnenblumenöl** (neutraler im Geschmack). Beide lassen sich bedenkenlos erhitzen. Dasselbe gilt für Erdnuss-, Raps- und Sesamöl, die daher zur geschmacklichen Abwechslung in Betracht kommen. Allerdings sollte kein Öl in der Pfanne »rauchen«. Die guten Eigenschaften von kaltgepresstem Olivenöl mit seinem hohen Anteil an ungesättigten Fettsäuren sind inzwischen allgemein bekannt. Ähnlich wertvoll ist unser einheimisches Rapsöl.
In Dressings ergänzen wir Sonnenblumenöl gerne mit einem **Öl aus Nüssen oder Samen** wie z. B. Walnuss-, Traubenkern-, Kürbiskern-, Weizenkeim- oder Leinöl. Sie schmecken köstlich und intensiv und sind schon in kleinen Mengen sehr wirkungsvoll. Da diese Öle nicht so lange haltbar sind, lieber kleine Mengen kaufen und im Kühlschrank aufbewahren. Damit ihre wertvollen Stoffe nicht verloren gehen, sollten Sie sie auch auf keinen Fall erhitzen. Gutes Öl darf nicht ranzig riechen oder bitter schmecken. Zur Erhaltung seiner wertvollen Stoffe sollte Öl schonend gepresst

und nicht chemisch extrahiert werden. Dann duftet Olivenöl feinfruchtig und Walnussöl wärmt schon beim Riechen.

Wir haben immer eine scharfe und eine milde Sorte **Senf** im Kühlschrank. Er ist auch eine unserer klassischen einheimischen Verdauungshilfen. Wenn Sie die volle Kraft der Senföle nutzen wollen, achten Sie darauf, dass der Senf ohne künstliche Zusatzstoffe hergestellt ist.
Auf unser Brot, in unseren Kuchen und an unser Gemüse kommt ausschließlich **Butter** bester Qualität und nicht das industrielle Kunstprodukt Margarine. Butter ist in kleinen Mengen für die meisten Menschen gut verträglich.

Wir kaufen nur **Bio-Eier**. Sie erkennen sie daran, dass der vorgeschriebene EU-Eier-Code mit einer Null beginnt. Damit sind Freilandhaltung und Biofutter garantiert.

Unser Verbrauch an **Zitronen** ist recht groß, da eine Spur ihres säuerlich frischen Geschmacks einem Gericht oft den letzten geschmacklichen und bekömmlichen Kick bringt. Sie müssen Bio-Ware sein, da wir immer auch die Schalen verwenden.

Zwiebeln und Zwiebelgewächse, wie **Frühlingszwiebeln** und **Knoblauch**, sind unentbehrliche Helfer für unsere Abwehrenergie. Sie erwärmen, wirken antibakteriell und lösen Schleim. Vorsicht aber mit Knoblauch, da er vor allem in frischer Form nicht immer vertragen wird (z. B. bei Gallensteinen).

Frische **Ingwerwurzel** haben wir immer im Kühlschrank. Das Allround-Talent ist verdauungsfördernd, beruhigt den Verdauungstrakt, unterstützt das Wachstum erwünschter Milchsäurebakterien und hemmt das Wachstum unerwünschter Bakterien, fördert die Durchblutung, regt das Immunsystem an und reduziert die Toxizität vor allem von Eiweiß – daher ist er besonders hilfreich beim Zubereiten von Fleisch und Fisch. Die Wurzeln halten sich ziemlich lange im Gemüsefach des Kühlschranks.

Frische **Meerrettichwurzel**, den Ingwer des Westens, gibt es vor allem im Herbst und Winter.
Schon beim Reiben entfaltet er, wie die Zwiebel, seine hilfreichen Eigenschaften: Er öffnet die Atemwege, löst Schleim und wirkt antibakteriell. Nach dem Reiben verliert er schnell an Intensität und Wirkung, deshalb ist er frisch gerieben am wirkungsvollsten. Von der Wurzel nur so viel abschälen, wie man abreiben will, und zur Aufbewahrung den ungeschälten Teil, fest mit Frischhaltefolie umwickelt, im Gemüsefach des Kühlschranks lagern.

Bei jedem Einkauf greifen wir zu bei **frischen grünen Kräutern**. Ob **Petersilie, Schnittlauch, Basilikum, Kresse, Kerbel oder Dill** – das frische Grün dieser Kräuter ist als ständige Beigabe zu gekochten Gerichten die ideale Ergänzung an Vitalstoffen zur Bildung von Enzymen. Im Sinne der chinesischen Medizin dienen sie – neben vielfältigen anderen hilfreichen Wirkungen – unserem Blutaufbau. Das

gilt vor allem für Petersilie. Gewaschen und etwas trocken geschüttelt lassen sie sich gut in einem geschlossenen Gefäß einige Tage im Gemüsefach des Kühlschranks aufbewahren. Oder Sie konservieren die zerkleinerten Kräuter. Getrocknet oder tiefgefroren verlieren sie wiederum ihre nützlichen Wirkungen, da ihre ätherischen Öle zu flüchtig sind. Am frischesten sind sie natürlich, wenn sie aus dem Garten stammen oder als Topfpflanze auf der Fensterbank stehen.

Kräuter, deren Aromen durchs Trocknen intensiver werden, stehen in unserem Gewürzschrank. Dazu gehören **Majoran, Thymian, Oregano, Rosmarin und Lorbeer**. Außer dem Lorbeer kann man sie kurz vor der Verwendung etwas zerreiben. Unser Gewürzschrank enthält weiterhin **Zimtstangen, Nelken, Sternanis, Kardamomkapseln und Wacholderbeeren**. Sie werden im Ganzen mitgekocht, während **Kümmel, Fenchelsaat, Anissamen und rote Pfefferbeeren** kurz vor der Verwendung im Mörser zerkleinert werden können. **Muskatnüsse** sollten frisch gerieben werden. **Weißen und schwarzen Pfeffer** unbedingt frisch mahlen, dasselbe gilt für folgende Gewürze, die man erst in einer Pfanne ohne Fett etwas röstet, bis sie duften, und dann im Mörser zerstoßen oder in einer Gewürzmühle mahlen kann: **Bockshornkleesaat, Koriander, Kreuzkümmel, Kardamomsamen**. Gemahlen kaufen wir **Kurkuma, edelsüßes Paprikapulver, Curry, Ingwerpulver** und nochmals **Zimt**. Außerdem haben wir **Vanillestangen**, die wir mit Zucker zu Vanillezucker vermahlen. Unterziehen Sie gelegentlich Ihren Gewürzbestand einer Frischekontrolle. Gewürze haben wie Medikamente ein Verfallsdatum. Als Faustregel gilt: nicht älter als 1 Jahr. Ihre Wirkung beruht unter anderem auf den ätherischen Ölen. Machen Sie den Riechtest: Je intensiver der Duft, desto größer der Nutzen und natürlich das Geschmackserlebnis.

Zu guter Letzt gibt es noch einige exotischere Zutaten. **Tamari** oder **Shoyu** heißen die klassischen, natürlich fermentierten **Sojasoßen**. Shoyu enthält zusätzlich zu Soja, Wasser und Salz noch Weizen. Beide sind wertvolle Verdauungshilfen. Ab und zu verwenden wir in unserer Küche **Wakame-Algen** in getrockneter Form oder Blätter von **gerösteten Nori-Algen** (Sushi-Nori). Beide weisen einen nicht zu hohen Jodgehalt auf und sind deshalb allgemein gut verträglich. Algen müssen rückstandskontrolliert sein, deshalb sollten Sie sie nur im Naturkosthandel besorgen. Algen gelten in der chinesischen Medizin als kühlend, beruhigend, substanzaufbauend und staulösend. Sie enthalten viele Mineralien und eignen sich zum bekömmlichen Kochen von Hülsenfrüchten, als Beigabe in Kraftbrühen, zu Gemüse oder Fisch und Fleisch oder als Algentee zum Einschlafen. **Kuzu** ist ein Stärkemehl aus der japanischen Küche, geschmacks- und geruchsneutral, basenüberschüssig, daher ideal zum Binden von saurem Obst. Es enthält wertvolle Heilstoffe mit wohltuender Wirkung auf Magen und Darm.
Und jetzt geht’s los!

Gerichte für Jahres- und Tageszeiten

Was essen wir heute?

Wir stehen jeden Tag erneut vor der Frage: Was essen wir heute? Es soll gut schmecken und wir sollten Appetit darauf haben. Darüber hinaus geht es darum, Gerichte zu finden, die der Saison, besser noch der tatsächlichen Wetterlage angemessen sind. Dies richtet sich einmal nach dem Angebot auf dem heimischen Markt. Zum anderen ordnet die 5-Elemente-Ernährung jeder Jahreszeit einen eigenen Funktionskreis im Organismus zu, der dann durch bestimmte Nahrungsmittel gezielt gestärkt werden kann.

Ein Beispiel: Huhn ist aus Sicht der Traditionellen Chinesischen Medizin ein hervorragendes Mittel für den Blut- und Säfteaufbau und ist das ganze Jahr über erhältlich. Besonders gut ist es für den Organismus jedoch im Frühjahr, der Jahreszeit, in der für das wieder beginnende Wachstum viel Saft bzw. Blut gebraucht wird.

Da Huhn aber generell so wertvoll ist und köstlich schmeckt, kann es den übrigen Jahreszeiten problemlos durch veränderte Zubereitung und Zutaten angepasst werden. Im Frühjahr ist kurz pochierte Hühnerbrust energetisch ideal, während im Winter Hühnerfleisch durch langes Schmoren in Alkohol den Körper erwärmt und so hilft, einen inneren Schutz gegen das äußere Klima aufzubauen.

Näheres dazu erfahren Sie in den Kapiteleinleitungen. In den Rezepten finden Sie Hinweise zur Wirkungsweise spezifischer Lebensmittel, Zutaten und Zubereitungsmethoden. Bei Gerichten, die nicht an die Jahreszeiten gebunden sind, wie z. B. Kartoffelsalat, machen wir Vorschläge für saisonale Varianten. Die Rubrik »Passt zu« soll Ihnen schließlich das Kombinieren der Rezepte erleichtern. Und so könnten die Speisezettel aussehen:

Frühjahr

- Hühnerbrühe mit Grießnockerln, Spargelsalat mit Estragon und rotem Pfeffer
- Fisch unter der Kräuterhaube, Pflücksalat mit erfrischendem Dressing, junge Kartoffeln
- Kartoffelsalat mit Sprossen, pochiertes Ei
- Fenchelrisotto, pochierte Hühnerbrust, Wildkräuter-Sprossen-Salat

Sommer

- Gurkensuppe mit Lachs oder Schafkäse, Crostata mit Erdbeermarmelade
- Couscous mit gedünsteten Zucchini und Auberginen, Lammhack-Frikadellen, Joghurt-Minz-Soße
- Grüne-Bohnen-Pfifferling-Salat, Fruchtsuppe mit Grießklößchen
- Gemüsesuppe, Hirseauflauf mit Sauerkirschen

Herbst

- Rindfleischbrühe, Tafelspitz mit Meerrettich mit Apfel, Bouillonkartoffeln, Kürbis-Crostata
- Süßkartoffelpüree mit Meerrettich, Tofu-Walnuss-Laibchen, Chicoréesalat
- Champignonsuppe, Birnen-Haferflocken-Kuchen
- Hähnchen in Sake, Buchweizennudeln, Endiviensalat mit Karotten-Miso-Dip

Winter

- Wirsingrouladen mit Fleisch- oder Tofufüllung, Kartoffel-Pastinaken-Püree, Zitrussülzchen
- Erbsensuppe mit Gemüse und Thymian-Croûtons, karamellisierte Äpfel
- Kartoffelsuppe, Thunfisch-Carpaccio mit marinierten Pilzen
- Linsengemüse, Reis mit Walnüssen, gebratener Tofu oder Fisch

Frühstück

Das Thema Frühstück liegt uns besonders am Herzen. Zwischen 7 und 11 Uhr arbeiten unsere Verdauungsorgane am besten. Aber mit den weitverbreiteten Käsebrötchen, Marmeladentoasts oder rohen Müsliflocken mit Joghurt und Obst springt bei den meisten Menschen der »Verbrennungsofen« nicht richtig an. Auch wir essen gerne ein kräftiges Roggenbrot mit Schinken, Leberwurst oder Marmelade. Im Vergleich stellen wir aber immer wieder fest, dass wir mit einem gekochten Frühstück besser über die Runden kommen. Das zeigen die Erfahrungen aus der Ernährungsberatung. Ideal ist ein warmes gekochtes Frühstück, um unsere Energie- und Wärmespeicher für die erste Tageshälfte aufzufüllen. Ob Sie das lieber auf herzhafte oder süße Art machen, ist Geschmackssache. Ansonsten gilt die Regel: »Einfach halten!« Das bedeutet Getreidegerichte mit Gemüse oder Obst, eventuell mit Eiweiß ergänzt, oder einfach eine Suppe. Ihr Magen dankt es Ihnen und der Zeitaufwand ist gering.

Welche Rezepte sich zum Frühstück eignen, erkennen Sie an dem Sonnensymbol ☼. Hier einige zusätzliche Vorschläge zum Ergänzen und Kombinieren:

Herzhaftes Frühstück

Klare Brühen aus Fleisch oder Gemüse oder Gemüsesuppe, ergänzen mit:

- vorgekochten Grießnockerln, Nudeln, Reis, Gerstengraupen
- Eiweiß: Fleischstückchen, verquirltes Ei, Tofuwürfel, 1–2 EL vorgekochte Linsen, Bohnen oder Kichererbsen
- frischem, fein zerkleinertem Gemüse – in der Brühe kurz gegart

Reiscongee, Hirse pur, Reis-Variationen, herzhafte Polenta, Couscous ergänzen mit:

- Gemüse – schnell & lecker, gebratenem Chicorée oder Fenchel, Gemüsefrittata
- Eiweiß: Linsenmus, Bohnen mit Salbei, gekochtes Ei, Rührei, Schinken, Roastbeef

Süßes Frühstück

Süßes Reiscongee, Hirse pur, Reis-Variationen, süße Polenta, ergänzen mit:

- Kompotten oder fein zerkleinertem Obst, unter das heiße Getreide gemischt
- Nüssen als Eiweißbeigabe

Weitere Tipps:

- Wenn Ihr Magen nach einem warmen Getreidefrühstück schon nach zwei Stunden wieder knurrt, könnte es sein, dass Sie mehr Eiweiß brauchen.
- Wenn Sie morgens keinen Hunger haben, haben Sie vielleicht am Vorabend zu viel oder zu spät gegessen. Oder Ihre »Mitte« ist schwach. Dann ist es besonders wichtig, das Frühstück wieder als Start in den Tag aufzunehmen. Beginnen Sie mit kleinen Portionen von Gerichten, auf die Sie besonders Lust haben und die schnell zubereitet sind oder abends vorbereitet werden können.
- Wenn Sie sehr früh aus dem Haus gehen und noch nichts essen können, nehmen Sie sich etwas mit und machen rechtzeitig eine Frühstückspause.
- Verwerten Sie Reste oder kochen Sie vor.

Abendessen

Nach 19 Uhr haben unsere Verdauungsorgane ihren Leistungstiefpunkt erreicht. Die Regel für ein wohltuendes Abendessen lautet daher: leicht verdaulich, nicht zu üppig und nicht zu spät. Ungeeignet sind Rohkost- oder Salatteller, Fleisch und Hülsenfrüchte. Wir empfehlen daher vor allem Gemüse in jeder Form: als Salat, Suppe oder Beilage zu Getreide. Aber auch Süßes, weil es beruhigt.

Geeignete Rezepte erkennen Sie an dem Mondsymbol . Hier einige unserer Favoriten zum Ausklang des Tages:

- Kürbissuppe, geröstete Grießsuppe, Graupensuppe mit Backpflaumen
- Kürbis oder Kartoffeln vom Blech, Rote-Bete-Carpaccio, Gemüse – schnell & lecker, Gemüsefrikadellen
- Pellkartoffeln mit Petersilienpesto mit Algen, Polenta mit gebratenem Chicorée, Couscous mit Gemüse, Nudeln mit Tomatensoße, Risotto, Hirse in Grün, Kartoffelsalat
- Grießbrei mit Kompott, süßer Getreideauflauf

Für unterwegs

Viele von uns sind tagsüber nicht in Reichweite ihrer Küche. Das bedeutet aber nicht, dass wir auf eine bekömmliche Ernährung verzichten müssen. Zum Glück gibt es leckere Gerichte, die man problemlos mitnehmen kann. Die entsprechenden Rezepte erkennen Sie an dem Taschensymbol . Hier noch einige zusätzliche Tipps.

- Wenn Sie gerne warm essen und einen Herd zur Verfügung haben, können Sie natürlich alles mitnehmen, was sich gut aufwärmen lässt. Sollte nur eine Mikrowelle vorhanden sein, empfehlen wir Ihnen als Alternative die Verwendung eines Speisethermosbehälters. Das ist eine Thermoskanne mit breiterem Hals, in die Sie zu Hause das warme Essen einfüllen.
- Sie können auch viele gekochte Gerichte kalt essen wie z. B. die Gemüsesalate, Frikadellen als Hamburger in Brötchen oder als Ergänzung zu Salaten oder Getreide, Auberginen- oder Linsenmus, süße Getreideaufläufe und Kompotte.
- Wenn Sie regelmäßig im Restaurant oder in der Kantine essen, empfehlen wir Ihnen, Verdauungshilfen mitzunehmen: eingelegter Sushi-Ingwer, Umeboshi-Pflaume, Ume-Würze, Ingwerschnaps (siehe unten). Oder trinken Sie nach dem Essen heißes Wasser mit einer Scheibe frischem Ingwer oder einen Verdauungstee (Verbene/Eisenkraut).
- Bei Reisen in Länder mit erhöhter Gefahr von Durchfallerkrankungen hat sich Ingwerschnaps bewährt. Dazu brauchen Sie nur 6 Wochen vor der Abreise 8 dünne Scheiben frischen Ingwer in $^{1}/_{2}$ Liter Wodka einzulegen. Vor jedem Essen einen Teelöffel einnehmen.

Flüssige Nahrung

Wenn Sie viel Suppe, Gemüse und Kompotte essen, brauchen Sie weniger zusätzliche Flüssigkeit als bei relativ trockenen Brotmahlzeiten. Daher gibt es aus unserer Sicht keine pauschale Mengenempfehlung. Trotzdem darf man das Trinken nicht vergessen.
Das beste Getränk, das man ohne Einschränkungen in beliebigen Mengen trinken kann, ist und bleibt Wasser ohne Kohlensäure. Leitungswasser ist hier die einfachste Versorgungsquelle. Zur Qualitätsverbesserung gibt es im Handel verschiedene Wasserfiltersysteme. Unser Allheilmittel – vor allem, wenn man friert – ist warmes Wasser. Es schmeckt besser, wenn man es ca. 15 Minuten köchelt. Am besten in eine Thermoskanne abfüllen und über den Tag verteilt trinken. Sie können auch eine Scheibe Ingwer oder eine Kardamomkapsel in eine Tasse geben und diese mit warmem Wasser übergießen.
Alle anderen Getränke, ob Kaffee, Tees jeder Art oder Obst- und Gemüsesäfte, haben mehr oder weniger starke Wirkungen, sind deshalb wie Heilmittel zu behandeln und müssen auch vom Organismus verarbeitet werden. Daher sollte man sie nicht regelmäßig und literweise trinken.

Hinweise zu den Rezepten

Mengenangaben

Die Rezepte sind für 4 Personen berechnet, sofern nicht anders angegeben. Die Größe der Portionen ist natürlich eine Frage der persönlichen Vorliebe. Daher können unsere Mengenangaben nie Allgemeingültigkeit haben. Und der Appetit kommt bekanntlich beim Essen ...

Kochzeiten

Sofern nur eine Zeitangabe gemacht wird, ist das die Zeit, in der das Gericht fertig zubereitet wird. Finden Sie mehrere Zeitangaben, bezieht sich die erste Zahl auf die reine Zubereitungszeit, d. h. die Zeit, in der Sie in der Küche stehen.

Erklärung der Symbole

 Geeignet als Frühstück

 Geeignet als Abendessen

 Schnelle Küche – das Essen ist in spätestens 30 Minuten auf dem Tisch

 Tipps zum Vorkochen

 Eichhörnchen-Prinzip – geeignet als Vorrat

 Geeignet zum Mitnehmen

Suppen

Stellen Sie sich einen kalten, nassen
Wintertag vor.
Erschöpft und durchfroren kommen
Sie nach Hause.
Sie holen einen Topf aus dem Schrank
und erhitzen darin selbst gemachte,
kräftige Hühnerbrühe.

Suppen bieten in jeder Jahreszeit eine passende Möglichkeit, schnell eine wohltuende Mahlzeit zu bekommen. Kräftige Fleischbrühen und milde Gemüsebrühen dienen als kleine Vorspeise dazu, den Magen, sprich unsere Verdauung, sanft anzuheizen. Vor allem, wenn man schnell friert.
Im Winter kräftigen uns Suppen aus Hülsenfrüchten, Fleisch oder wärmenden Gemüsesorten wie Kürbis. Im Sommer erfrischen uns Fruchtsuppen und Suppen aus kühlenden Nahrungsmitteln, wie Tomaten, Zucchini und Gurken.

Machen Sie es wie die Profis. Kochen Sie immer eine größere Menge von klaren Fleisch- oder Gemüsebrühen als Fond auf Vorrat. In guten Restaurantküchen steht immer ein großer Topf auf dem Herd, in dem Knochen und Fleisch- und Gemüsereste zu kräftigen Fonds geköchelt werden. Aus Fleisch und Knochen gekochte Brühen sind die bekömmlichste Art, tierisches Eiweiß zu sich zu nehmen. Sie haben sehr lange Kochzeiten, von einigen Stunden bis hin zu mehreren Tagen. Die chinesische Heilkunde versteht das lange Köcheln der Zutaten als eine Transformation von Substanz in Energie. Diese Suppen heißen nicht umsonst auch bei uns Kraftbrühen und spenden uns tagsüber die nötige Energie.
Gemüse- und Getreidesuppen sind wiederum eine gute Abendmahlzeit, da sie sättigen und uns zur Ruhe bringen. Außerdem sind sie leicht verdaulich. Suppen eignen sich auch hervorragend zum Mitnehmen. Heiß in eine Thermoskanne abfüllen oder vor Ort aufwärmen.

Klare Brühen – aus Fleisch oder Gemüse

Mit Brühen – auf Vorrat selbst gekocht – verwandelt sich Ihr Kühlschrank in eine wahre Schatzkammer. Sie benötigen dafür ungefähr 20 Minuten Zubereitungszeit, den Rest erledigt ein warmer Ofen.
Bei Fleischbrühen erhöhen längere Kochzeiten die Intensität des Geschmacks und fördern die kräftigende Wirkung. Die Zugabe frischer Kräuter und von Gemüse am Schluss ersetzt die durch den langen Kochprozess zerstörten Vitalstoffe.
Gemüsebrühe ist das vegetarische Gegenstück zu den Fleischbrühen. Auch hier wird am Ende des Kochvorgangs ausschließlich die klare Brühe verwendet.
Wir kochen uns oft am Wochenende einen großen Topf Fleisch- oder Gemüsebrühe. Abgefüllt in Schraubgläser, können wir dann unter der Woche jederzeit einen dieser »Fonds« für eine schnelle Mahlzeit erhitzen oder viele Gerichte damit kochen. Eine Alternative dazu stellen unsere Suppenwürzen dar.

Hühnerbrühe

20 Minuten + mindestens 2 Stunden Kochzeit

In der jüdischen Küche betrachtet man Hühnersuppe als Penicillin, in der amerikanischen Literatur ist es der Titel einer Buchreihe zum Thema Lebenshilfe und bei uns zu Hause war es das Erste, was unsere Mütter uns gaben bei jeglicher Art von Krankheit und Erschöpfung. Sie ist außerdem ein weltweit anerkanntes Aufbaumittel für Frauen nach der Geburt, da sie das Blut regeneriert und stärkt. Mit anderen Worten, sie ist die beste Kraftbrühe, die es gibt, neben der Rinderkraftbrühe. Damit die Brühe ihre Wirkung auch richtig entfalten kann, verwenden Sie bitte kein Tiefkühlhuhn.

4 Liter Wasser *1 frisches Suppenhuhn, in Stücke zerlegt, oder Hühnerteile (mindestens 800–1000 g)*	zusammen in einem großen Topf zum Kochen bringen. In der Zwischenzeit
1 große Karotte *1 Petersilienwurzel oder Pastinake*	schälen und in grobe Stücke schneiden.
3 Stangen Staudensellerie *1/2 Bund Frühlingszwiebeln*	waschen und in grobe Stücke schneiden.
1 daumengroßes Stück Ingwer	mit der Schale waschen und in Scheiben schneiden.
1/2 TL Bockshornkleesaat	mit Gemüse und Ingwer zur Suppe geben.
3 EL Salz *1 daumengroßes Stück Zitronenschale*	beigeben. 1 Stunde sanft köcheln, am besten im Backofen bei ca. 100 Grad. Es sollten nur leichte Blasen aufsteigen. Dann das feine Fleisch von Brust und Beinen entfernen und in etwas Brühe aufbewahren. Die restlichen Teile vom Huhn wieder in die Suppe geben und mindestens noch eine weitere Stunde köcheln. Danach absieben und die klare Brühe verwenden.

Tipps für Hühnerbrühe

- Die Suppe mit zusätzlichen Hühnerknochen kochen: Dazu bestellen Sie beim Geflügelhändler zwei Hühnergerippe, sogenannte »Karkassen«. Diese zerkleinern und im Topf ohne Fett kräftig anrösten, dann Wasser angießen. Das gibt eine schöne, goldgelbe Farbe und einen tollen Geschmack.
- Anstatt Suppenhuhn ein Brathuhn oder Brathähnchen kaufen, die zarten Brustteile vor dem Kochen entfernen und für pochiertes Huhn (Rezept S. 91) oder marinierte Hühnerbrust (Rezept S. 92) verwenden. Oder, in feine Streifen geschnitten und in Sojasoße mariniert, am Schluss in der fertigen Brühe mit Gemüse kurz garen und sofort essen.
- 150 ml Weißwein mit dem Wasser aufkochen, das wärmt und gibt eine besondere Geschmacksnote.
- Ca. 5 g Angelikawurzel, die sogenannte Frauenwurzel (Apotheke) beigeben. Baut Blut auf und wärmt. Lindert Menstruationsbeschwerden, die durch Wärme besser werden. Verboten bei Schwangerschaft und Hitzewallungen.

Rindfleischbrühe

20 Minuten + mindestens 2 Stunden Kochzeit

Unsere Rindfleischbrühe spendet Energie und Wärme. Durch die Verwendung der Knochen ist sie außerdem eine wahre Mineralienbombe und daher auch sehr gut als Prophylaxe gegen Osteoporose und Gelenkdegenerationen geeignet – besser als das häufig empfohlene Glas Milch oder der Joghurt.

1 Zwiebel	mit der Schale waschen, abtrocknen, quer halbieren und mit der Schnittfläche nach unten ohne Fett in einem großen Topf (4–5 Liter Fassungsvermögen) anrösten, bis sie dunkel gebräunt ist.
5–6 Fleischknochen vom Rind	kalt abspülen.
1 Karotte *1 Petersilienwurzel oder Pastinake* *1/4 Sellerieknolle*	schälen und in grobe Stücke schneiden.
1/2 Stange Lauch, längs halbiert	waschen und noch einmal halbieren. Knochen und Gemüse in den Topf geben und alles kräftig anrösten. Es darf ruhig etwas braun werden.
1 daumengroßes Stück Ingwer	mit der Schale waschen und in grobe Stücke schneiden oder platt klopfen.
1–2 Lorbeerblätter *6 Pfefferkörner* *4 Liter Wasser* *2 EL Salz*	in den Topf geben und aufkochen lassen. Mit einem Schaumlöffel den entstehenden Schaum entfernen.
1 daumengroßes Stück Zitronenschale *1/2 TL Bockshornkleesaat* *ca. 500 g Suppenfleisch vom Rind*	dazugeben und 2 Stunden sanft köcheln oder in den Backofen bei ca. 100 Grad stellen. Es sollten nur leichte Blasen aufsteigen. Nach Ende der Kochzeit Fleisch aus der Brühe nehmen und weiterverwenden (siehe Tipps). Die Brühe kann ab jetzt noch 1–2 Stunden weiterköcheln. Brühe durch ein feines Sieb abgießen. Ergibt ca. 3 Liter.

Variation

Frittatensuppe: Aus 1 Ei, 4 gehäuften EL Weizenmehl, ca. 125 ml Milch und 1/4 TL Salz einen leicht zähflüssigen Teig rühren, 10 Minuten ausquellen lassen. 3 dünne Pfannkuchen backen. Warm aufwickeln und quer in feine Ringe schneiden. Als Einlage in die klare Brühe geben. In Süddeutschland oder der Schweiz ist das dann eine Flädli- oder Flädlesuppe und in Hessen ganz einfach Pfannkuchensuppe.

Tipps für Rindfleischbrühe

- Als Rindfleisch zum Kochen eignen sich Stücke vom Brustkern, Blattrippe, Bug oder Rinder-Beinscheibe. Bei der Beinscheibe das Mark aus dem Knochen vor dem Kochen auskratzen. Verwendung siehe nächster Tipp.

- Zusätzlich zu den Fleischknochen 2 Markknochen kaufen. Mark mit einem spitzen Messer entfernen und für die Herstellung von Markklößchen (Rezept S. 78) verwenden. Knochen in der Brühe mitkochen.
- **Tafelspitz:** Als Fleisch ca. 1 kg Tafelspitz 2 Stunden mitkochen. Aus der Brühe nehmen, eingepackt in Alufolie an einem warmen Platz 15 Minuten ruhen lassen und dann quer zur Faser in Scheiben schneiden. Fleisch auf einen vorgewärmten Teller geben, mit etwas Brühe übergießen und mit Petersilienkartoffeln und Meerrettich mit Apfel (Rezept S. 114) servieren.
- **Vorkochen:** Zusätzlich 500 g Karotten und 250 g Sellerieknolle, geschält und unzerteilt, am Schluss 20 Minuten mitkochen. Mit dem gekochten Fleisch für den Rindfleisch-Gemüse-Salat (Rezept S. 88) verwenden.

Allgemeine Tipps für Fleischbrühen

- Wer es weniger fett mag, kann die Brühen mit einem Fettabscheider – gibt es im Haushaltswarengeschäft – abgießen. Oder man lässt sie erkalten und hebt dann das erhärtete Fett von der Oberfläche ab.
- **Kraftbrühen:** Zur weiteren Intensivierung von Geschmack und Wirkung vermischen Sie 100 g durchgedrehtes, mageres Rind- oder Hühnerfleisch mit einem Eiweiß, geben die Masse in die kalte Brühe und erhitzen diese langsam – auf keinen Fall mehr kochen lassen! Die Mischung setzt sich dann als fester »Kuchen« ab, diesen wegwerfen. Das hat den zusätzlichen Effekt, dass die ansonsten trübe Brühe klar wird.

Gemüsebrühe

20 Minuten + 40 Minuten Kochzeit

Gemüsebrühe eignet sich besonders für den Abend, da sie leicht verdaulich ist.

3 Karotten
1 Petersilienwurzel oder Pastinake schälen.
4 Stangen Staudensellerie
1/2 Bund Frühlingszwiebeln waschen.
Alle Gemüse in grobe Stücke schneiden.
1 daumengroßes Stück Ingwer waschen und in Scheiben schneiden.
1 Zwiebel mit der Schale waschen, abtrocknen, quer halbieren und mit der Schnittfläche nach unten ohne Fett in einem heißen großen Topf (3–4 Liter Fassungsvermögen) anrösten, bis sie dunkel gebräunt ist.
Geputztes Gemüse dazugeben und kurz mitrösten.
1 Lorbeerblatt
6 schwarze Pfefferkörner dazugeben.
2 Liter Wasser aufgießen.
1 EL Salz
2 Stängel Petersilie, gewaschen
1/2 TL Bockshornkleesaat dazugeben und zugedeckt zum Kochen bringen. Auf kleiner Flamme 40 Minuten köcheln.
Durch ein feines Sieb abgießen.

Tipps für Gemüsebrühe

- Eiweißergänzungen: Stiele von 50 g Shiitakepilzen mitkochen, die Hüte fein geschnitten am Schluss in der klaren Brühe mitköcheln. Diese Pilze bauen Abwehrenergie auf.
- Tofustreifen in der Suppe 10 Minuten mitkochen.
- 2–3 EL vorher eingeweichte Adukibohnen in der Suppe mitkochen. Sie entfernen Nässestau aus dem Organismus.
- 1 Ei verquirlen, mit Muskat und Salz würzen und in die kochende Suppe einlaufen lassen – das ist eine gute Eiweißergänzung.

Tipps für Fleisch- und Gemüsebrühen

- Kochen Sie neben den im Rezept angegebenen Zutaten ruhig auch andere Gemüse mit. Das gibt der Brühe eine andere Geschmacksnote. Experimentieren Sie nach Jahreszeit!
- Ein 10 cm langes Stück Wakame-Alge oder 1 gehäufter EL Hijiki-Alge mit dem Salz in die Brühe geben. Die Suppe enthält dadurch mehr Mineralien. Achtung: Bei Schilddrüsenüberfunktion keine Algen verwenden!
- 6 getrocknete, rote Datteln aus dem China-Laden mitkochen – kräftigt unsere »Mitte«, unterstützt den Blutaufbau und stärkt, in Verbindung mit Ingwer und Frühlingszwiebel, unsere Abwehrenergie.
- Vor dem Servieren mit frischen Kräutern oder Sprossen bestreuen: z. B. Petersilie, Schnittlauch, Frühlingszwiebeln, Kerbel, Korianderblättchen, Rettich- oder Alfalfasprossen.
- Vor dem Essen im Teller mit Sojasoße abschmecken oder mit in etwas Brühe angerührtem Miso ergänzen – hilft zusätzlich verdauen.
- **Mitnehmen:** Einen Speisethermosbehälter – das ist eine Thermoskanne mit breiterem Hals – anwärmen. Sehr fein geschnittenes rohes Gemüse, z. B. Karotte, Sellerie und Lauch oder Sojasprossen hinzufügen. Mit kochend heißer Brühe übergießen und verschließen. Nach einiger Zeit ist die Einlage gar.

Oder die heiße Brühe aus dem Thermosbehälter mit verschiedenen gekochten Suppeneinlagen ergänzen. Diese in einem Extrabehälter mitnehmen.
Sehr gut geeignet: Reis, Nudeln, Gemüse, in der Suppe gekochtes Fleisch, marinierte Tofustreifen.
- **Vorkochen:** Grundsätzlich können Sie jederzeit zusätzliches Gemüse in der Brühe vorkochen, je nach Art dauert das 10–20 Minuten. Dann für einen Gemüsesalat, als Bouillongemüse oder als Suppeneinlage verwenden. Dazu eignen sich: Karotten, Pastinaken, Petersilienwurzel, Kartoffeln, Knollensellerie, Fenchel, Zucchini und Lauch. Nebeneffekt: Die Brühe schmeckt intensiver nach Gemüse.
- **Vorratsküche:** Klare Brühe kochend heiß in saubere Schraubgläser füllen, fest zudrehen und 5 Minuten auf den Kopf stellen. Danach wieder umdrehen und abkühlen lassen. Im Kühlschrank aufbewahren und bei Bedarf verwenden. Haltbarkeitsdauer ca. 10 Tage.

Verwendungsmöglichkeiten für klare Brühen

- Als Fond zum Zubereiten von Soßen, Risotto (Rezept S. 72) oder zum Auffüllen bei Gemüse- und Getreidesuppen.
- Grießnockerl (Rezept S. 78) in der Brühe garen, in der Rinderkraftbrühe auch Markklößchen (Rezept S. 78).
- Für pochiertes Fleisch (Rezepte S. 91) verwenden.
- In der klaren Suppe frisches, saisonales, klein geschnittenes Gemüse wie Karotte, Lauch, Sellerie, Spargel, Staudensellerie oder Champignons und Sojasprossen kurz mitköcheln.
- In feine Streifen geschnittene Spinat- oder Mangoldblätter, Sojasprossen oder in Sojasoße marinierte, feine Tofustreifen oder Frittaten (siehe Variation Rindfleischbrühe S. 24) in den angewärmten Suppenteller geben und mit kochend heißer Brühe übergießen.
- Suppe mit gekochtem Reis, feinen Suppennudeln aus Weizen oder Buchweizen oder Glasnudeln ergänzen. Die Nudeln sollten separat in Wasser gekocht werden bzw. die Glasnudeln mit kochendem Wasser übergossen werden, und erst dann in die Suppe gegeben werden. Die Brühe wird sonst trüb.

Gemüsesuppe – quer durch Garten oder Kühlschrank

15 Minuten
+ 20 Minuten
Kochzeit

Unser Grundrezept beruht auf der klassischen Zusammensetzung von »Suppengrün«, das man überall leicht bekommt. Diese Standardsuppe lässt sich aber nach dem oben genannten Motto den Jahreszeiten gemäß variieren und bietet so viele verschiedene Geschmacksvariationen und passende Wirkungsweisen. Wird die Suppe mit Eiweiß ergänzt, sättigt sie besser und spendet Kraft.

2–4 Karotten oder gemischt Karotten, Pastinaken, Petersilienwurzel, insgesamt ca. 300 g Wurzelgemüse	schälen, große Wurzeln längs halbieren, und in ca. 5 mm dicke Scheiben schneiden.
1/2 Sellerieknolle, ca. 150 g	schälen und in ca. 1 cm große Würfel schneiden.
1 kleine Stange Lauch, ca. 150 g	von den groben grünen Blättern befreien und halbieren. Quer in feine Streifen schneiden und waschen.
1 Zwiebel	mit der Schale waschen, abtrocknen, quer halbieren.
2 Nelken	in die Zwiebelhälften stecken. Zwiebeln mit der Schnittfläche nach unten ohne Fett in einem großen Topf anrösten, bis sie dunkel gebräunt sind.
2 Lorbeerblätter	dazugeben.
2 Liter Wasser	angießen.
1 1/2 EL Salz	
1 daumengroßes Stück Zitronenschale	
1/2 TL Bockshornkleesaat, gemahlen	dazugeben und alles aufkochen. Zuerst Möhren und Sellerie und 10 Minuten später den Lauch hineingeben. Insgesamt 20 Minuten köcheln. Dann Zwiebelhälften, Zitronenschale und Lorbeerblätter entfernen.
1 Handvoll Petersilie, gehackt	beim Servieren über die Suppe geben.

Dazu passt

- Kleine Stücke festes Fischfleisch: in Zitronensaft marinieren, salzen und auf die fertige heiße Suppe legen. Deckel schließen und 10 Minuten ziehen lassen, bis der Fisch gar ist.
- Kräftiges Roggensauerteigbrot, italienisches Landbrot oder Dinkelweißbrot

Variationen

Es sollten immer ca. 600 g Gemüse sein.

Frühjahr: Frühlingszwiebeln statt Lauch verwenden und in die heiße Suppe am Schluss eine Handvoll Sprossen von Hülsenfrüchten geben, z. B. Soja- oder Linsensprossen.

Sommer: Kohlrabi, Spargel, frische Erbsen, Fenchel, Blumenkohl oder Staudensellerie verwenden, dafür Knollensellerie und Lauch weglassen. Oder als Ergänzung zum Grundrezept 5 Minuten vor Ende der Garzeit gehäutete und entkernte Tomatenstückchen in der Suppe mitgaren.

Herbst: Kartoffelwürfel, feine Streifen von Weißkraut, Wirsing und Scheiben von Shiitakepilzen oder Champignons mitkochen.

Winter: Die Suppe mit einer Handvoll vorgekochter Bohnenkerne ergänzen oder 2–3 EL rote oder gelbe Linsen mitkochen.

Gerstensuppe: Lecker, zusätzlich schleim- und staulösend, ist die Suppe mit Gerstengraupen. Davon 50 g waschen und 30 Minuten im Wasser mit den Gewürzen vorkochen. In der Zwischenzeit das Gemüse putzen und dann dazugeben.

Tipps

- Die Suppe ist eine hervorragende Abendmahlzeit. Ein Stück Wakame-Alge mitgekocht, erhöht noch die beruhigende und schlaffördernde Wirkung (nicht bei Schilddrüsenüberfunktion). Lassen Sie dann aber Hülsenfrüchte, Pilze oder Kohlsorten weg, da diese für den Abend zu schwer verdaulich sind.
- Die Suppe am Schluss mit gekochtem Reis oder gekochten Nudeln aller Art ergänzen oder eine halbe Tasse gut gewaschenen Langkornreis 10 Minuten vor dem Gemüse in der Brühe kochen.
- **Mitnehmen:** In einem Speisethermosbehälter mitnehmen, vor dem Essen frische Kräuter über die Suppe geben und mit etwas Brot essen.

Kürbissuppe

30 Minuten

Der Geschmack von Kürbis entwickelt sich erst in Kombination mit aromatischen Gewürzen. Er bietet daher die beste Grundlage für verschiedene Geschmacksvariationen. Das Rezept ist traditionell deutsch. Man kann einen Teil Kürbis auch durch Karotten oder Kartoffeln ersetzen.

ca. 1 kg Hokkaido-Kürbis	waschen (seine Schale ist essbar), vierteln und wattige Fasern mitsamt Kernen entfernen. In grobe Stücke schneiden.
2 Zwiebeln	
1 Knoblauchzehe	schälen und grob zerkleinern.
3 EL Sonnenblumenöl	erhitzen. Kürbisstücke, Zwiebeln und Knoblauch andünsten.
2 Lorbeerblätter	
1/2 TL Kümmel	
2 TL Majoran, getrocknet	
1 1/2 TL Salz	zum Würzen verwenden.
Wasser	angießen, bis das Gemüse knapp bedeckt ist. Aufkochen und auf kleiner Flamme in ca. 15 Minuten weich kochen.
	Während die Suppe kocht,
2 EL Kürbiskerne	in einer Pfanne ohne Fett anrösten, bis sie anfangen zu knacken.
1 Bund Schnittlauch	schräg in feine Röllchen schneiden.
	Die Suppe vom Feuer nehmen, Lorbeerblätter entfernen, Suppe pürieren. Nach Geschmack die fertige Suppe mit
2–4 TL Zitronensaft	abschmecken. Die Suppe auf vorgewärmte Teller verteilen.
Kürbiskernöl	in einem feinen Faden in die Suppe einlaufen lassen. Schnittlauch und Kürbiskerne vor dem Servieren auf jedem Teller verteilen.

Variationen

Asiatische Variante: Lorbeerblätter, Kümmel und Majoran weglassen. Stattdessen zusammen mit dem Kürbis ein 6 cm langes geschältes und gehacktes Stück Ingwer und eine halbe fein gehackte rote Chilischote sowie je 1/2 TL gemahlenen Koriander, Kreuzkümmel und Bockshornkleesaat und 1/4 TL Kurkuma im Fett mitdünsten. Kürbiskernöl durch Sesamöl und Schnittlauch durch frisches Koriandergrün ersetzen.

Fruchtige Variante: Lorbeerblätter, Kümmel, Majoran und Knoblauch weglassen. Stattdessen zusammen mit dem Kürbis 2 geschälte, klein geschnittene mürbe Äpfel und ein 6 cm langes gehacktes Stück Ingwer andünsten. Zusätzlich zum Zitronensaft den Saft einer Apfelsine mit in die Suppe geben. Mit 1/2 TL gemahlenem Zimt abschmecken. Statt Öl mit einem Klacks Sauerrahm anrichten. Statt Schnittlauch Petersilie oder Kresse verwenden.

Wiener Kartoffelsuppe

40 Minuten

Das Wienerische an der Suppe ist, dass das Rezept von Gusti stammt, der österreichischen Schwiegermutter von Gabi. Sie bestand auf die Beigabe der geschmorten Champignons zum Leidwesen ihres Sohnes in jungen Jahren. Inzwischen findet er sie genauso lecker wie wir.

1 große Karotte, ca. 100 g	
1/4 Sellerieknolle, ca. 150 g	
1 Petersilienwurzel	schälen und in grobe Stücke schneiden.
1 Zwiebel	schälen und grob hacken.
3 EL Sonnenblumenöl	in einem Topf erhitzen. Zwiebeln darin glasig anbraten. Gemüse dazugeben und kurz mitschmoren.
1 Lorbeerblatt	
1 EL Majoran, getrocknet	
1 EL Salz	
1 Liter Wasser	
einige Spritzer Zitronensaft	
1 TL Bockshornkleesaat, gemahlen	beigeben und zum Kochen bringen. In der Zwischenzeit
500 g mehlig kochende Kartoffeln	schälen, in grobe Würfel schneiden, dazugeben und alles in ca. 20 Minuten weich kochen. Topf vom Herd nehmen. Lorbeerblatt entfernen und die Suppe pürieren. Während die Suppe kocht,
150 g Champignons	mit einem Küchentuch abreiben oder einem Pinsel putzen und in feine Scheiben schneiden.
1 EL Sonnenblumenöl	in einer Pfanne erhitzen und die Pilze darin schmoren.
2 EL Petersilie, gehackt	dazugeben. Suppe auf die Teller verteilen und die Pilze darübergeben.

Tipps

- Diese Suppe ist eine gute Abendmahlzeit, bei schwacher Verdauung allerdings ohne Pilze.
- Ergänzen mit Lachsstreifen, Schafkäse, Frankfurter oder Wiener Würstchen.
- Sehr gut schmecken dazu auch krachige Croûtons wie bei unserer Erbsensuppe (Rezept S. 36).
- Falls Sie keine Champignons essen wollen, fehlt etwas Fett an der Suppe. Daher zum Schluss mit etwas Nussöl ergänzen.

Spargelsuppe

30 Minuten

Die Zeit, um Spargel zu genießen, ist kurz. Je nach Witterung beginnt das Spargelstechen Ende April und endet in Deutschland traditionell am 24. Juni. Unsere persönliche Note erhält diese Suppe durch das Würzen mit mildem englischem Currypulver, das ihren feinen Geschmack sehr gut unterstreicht und außerdem sanft anregend wirkt. Spargel eignet sich hervorragend, um unsere Körpersäfte zu regenerieren.
Frisch gestochener, ungeschälter Spargel kann in ein feuchtes Handtuch eingeschlagen im Kühlschrank maximal ein bis zwei Tage gelagert werden.

1 $^1/_2$ Liter Wasser	
2 TL Salz	
1 Spritzer Zitronensaft	zusammen aufkochen.
500 g Spargel	waschen, schälen und schräg in Stücke schneiden.
	Spargel in das kochende Wasser geben und in ca. 10 Minuten garen.
	Mit dem Schaumlöffel herausnehmen.
	Schalen im Kochwasser 10 Minuten auskochen. Brühe durch ein Haarsieb abgießen.
50 g Butter	
$^1/_2$ TL Currypulver	im Topf bei mittlerer Hitze schmelzen. Butter nicht bräunen.
$^1/_2$ TL Salz	
50 g Weizenmehl	beigeben und mit einem Schneebesen zu einer cremigen Masse verrühren.
	Das Spargelkochwasser dazugießen und mit dem Schneebesen schnell unterrühren, damit keine Klumpen entstehen. Unter weiterem Rühren aufkochen, dann die Hitze reduzieren und 8 Minuten sanft köcheln.
	Gelegentlich umrühren.
	Nun die Spargelstücke wieder in die heiße Suppe geben und darin erwärmen.
frische Petersilie	hacken und vor dem Servieren darüberstreuen.

Tipps

- Statt der dicken Spargelstangen den dünneren Suppenspargel oder Bruchspargel verwenden.
- Als Flüssigkeit zum Aufgießen schmeckt auch Hühnerbrühe (Rezept S. 23).
- Vor dem Servieren ein Eigelb mit etwas Kochwasser verrühren und in die heiße Suppe geben. Danach darf die Suppe nicht mehr kochen, sonst flockt das Eigelb aus.
- Besonders luftig wird die Suppe, wenn Sie 4 EL steif geschlagene süße Sahne vor dem Servieren in die Suppe rühren oder als Klacks darauf anrichten.
- Anstatt Currypulver fein geschnittenes frisches Currykraut zum Würzen verwenden.
- Natürlich kann man auch einen Spargelsud zum Aufgießen verwenden, der beim Kochen von Spargelsalat oder Spargelgemüse entstanden ist. In diesem Fall die Suppe ohne Einlage genießen oder ein paar frische grüne Spargelköpfe kurz mitkochen.
- Der klare Spargelsud, nur ergänzt durch einen Schuss Sojasoße, schmeckt auch sehr gut.

Gurkensuppe

Hier eine gekochte Gurkensuppe, die vortrefflich kalt schmeckt. Sie eignet sich daher auch zum Mitnehmen. Dieses Rezept gelingt richtig gut mit den kräftig schmeckenden Land- oder Einmachgurken. Sie sind nur im Sommer erhältlich. Dann erfüllt diese Suppe auch am besten ihren Zweck als erfrischendes kühlendes Essen.

25 Minuten

1 Liter Wasser	in einem größeren Topf zum Kochen bringen.
800 g Land- oder Einmachgurken	schälen und entkernen. Ca. 150 g Gurke beiseite stellen, den Rest in grobe Stücke schneiden und in den Topf geben.
1 Knoblauchzehe	schälen, halbieren und in den Topf geben. Alles aufkochen und in ca. 10 Minuten weich dünsten. In der Zwischenzeit übrige Gurke auf der Reibe fein raspeln. Topf vom Herd nehmen und Gurken pürieren. Vorsicht mit der heißen Flüssigkeit! Die Suppe mit
1 TL Currypulver	
1 1/2 TL Salz	
2 TL Zitronensaft	
1 TL Bockshornkleesaat, gemahlen	
weißem Pfeffer, frisch gemahlen	abschmecken.
4 EL süße Sahne	unterrühren und geraspelte Gurke dazugeben.
1 Bund Dill	vor dem Servieren hacken und darüberstreuen.

Tipps

- Wenn Sie keine Land- oder Schmorgurken bekommen, gelingt das Rezept auch mit Salatgurken, wenn diese genug Geschmack haben.
- Statt Wasser selbst gemachte Gemüsebrühe (Rezept S. 26), Hühnerbrühe (Rezept S. 23) oder Brühe aus unseren Suppenwürzen (Rezept S. 136) nehmen.
- Statt Sahne 4 EL weißes Mandelmus nehmen.
- Einlagen (ca. 100 g): In der heißen Suppe Streifen von Räucherlachs oder kleine Würfel Schafkäse kurz durchziehen lassen.

Champignonsuppe mit Mungbohnensprossen

25 Minuten

Ein schnell gemachtes Süppchen, das gut sättigt und unsere Körpersäfte erfrischt. Die Sprossen geben noch den knackigen Pfiff.

400 g Champignons	mit Haushaltspapier abreiben, putzen und in Scheiben schneiden.
1 Zwiebel	fein hacken.
3 EL Sonnenblumenöl	in einem Topf erhitzen. Champignons und Zwiebeln bei mittlerer Hitze darin anbraten, bis die Pilze zusammengeschrumpft sind.
1 Lorbeerblatt	
1 1/2 TL Salz	beigeben.
3/4 Liter Wasser	angießen und aufkochen. 5 Minuten köcheln lassen. Lorbeerblatt entfernen und die Suppe pürieren.
100 ml Wasser	
2 EL Weizen- oder Dinkelmehl	ohne Klumpen verrühren. Unter Rühren in die leicht kochende Suppe geben und diese damit binden. Suppe weitere 5 Minuten köcheln. Mit
1 EL Zitronensaft	
1/2 TL Kurkuma	
1/2 TL Bockshornkleesaat, gemahlen	abschmecken.
1 EL Butter	in die fertige Suppe rühren.
4 EL Mungbohnensprossen	vor dem Servieren in die heiße Suppe geben.

Tipps

- Die Suppe kann mit vielen anderen Sorten von Kräutern oder Sprossen ergänzt werden. Besonders lecker: Petersilie, Kresse, Rettich- oder Alfalfa-Sprossen.
- Wenn man die Suppe noch cremiger mag, kann man leicht geschlagene süße Sahne vor dem Servieren auf jedem Suppenteller verteilen.
- Ein Schuss Weißwein gibt der Suppe eine feine, wärmende und aromatische Note. Er wird mit dem Wasser zugefügt.

Rote-Bete-Suppe

Allein das leuchtende Rot dieser Suppe signalisiert, wozu sie gut ist. Rote Bete stärkt das Blut und befriedigt über den süßlichen Geschmack unser natürliches Bedürfnis nach Süßem. Das heißt, wir greifen weniger oft zu Schokolade und Kuchen. Das gilt übrigens auch für andere Wurzelgemüse wie Karotten, Pastinaken oder Sellerie. Die Suppe ist außerdem eine ideale Abendsuppe, die gleichzeitig satt macht und beruhigt.

10 Minuten
+ 20 Minuten Kochzeit

3/4 Liter Wasser	
2 TL Salz	
1 TL Zitronensaft	
1/2 TL Bockshornkleesaat, gemahlen	
1/2 TL Rohrzucker	
1/4 TL Koriander, gemahlen	
1/4 TL Kreuzkümmel, gemahlen	zusammen zum Kochen bringen.
500 g Rote Bete	schälen, in grobe Stücke schneiden.
1 Zwiebel	schälen, grob hacken und mit der Roten Bete ins Wasser geben. Wenn alles kocht, Hitze reduzieren und Rote Bete in ca. 20 Minuten weich kochen. Topf vom Herd nehmen. Rote Bete vorsichtig pürieren, damit Sie und die Küche nicht rot getupft sind.
1 Bund Dill oder Schnittlauch	fein hacken. Suppe in vorgewärmte Teller geben und
4 EL saure Sahne	und Kräuter vor dem Servieren darübergeben.

Tipps

- Flecken an den Händen, die beim Schälen der Roten Bete entstehen, können mit Zitronensaft entfernt werden, eventuell sollten Sie mit Gummihandschuhen arbeiten.
- Wenn es mal schnell gehen soll, verwenden Sie vorgekochte und eingeschweißte rote Bete. Sie halten sich auch als Vorrat im Kühlschrank für einige Zeit.
- Sehr gut schmeckt es, wenn Sie Sonnenblumenkerne anrösten und über die Suppe geben.

Erbsensuppe
mit Gemüse und Thymian-Croûtons

60 Minuten + 1 Stunde Einweichzeit

Im traditionellen Rezept wird das Gemüse gleich mit den Erbsen zusammen gekocht und püriert. Wir lieben aber die ganzen Stücke vom Gemüse, weil man in der cremigen Suppe noch etwas zum Beißen findet und das Aroma von Karotten und Lauch so besser erhalten bleibt. Die Suppe gibt Kraft, wärmt und sättigt.

250 g geschälte, getrocknete, grüne Erbsen	in reichlich Wasser 1 Stunde einweichen. Wasser wegschütten.
1 Liter Wasser *ein 10 cm langes Stück Wakame-Alge oder 1 Lorbeerblatt*	zusammen mit den Erbsen zum Kochen bringen. Erbsen in ca. 45–60 Minuten zugedeckt weich kochen. In der Zwischenzeit
1 große Zwiebel *1 Knoblauchzehe*	fein hacken.
3 Karotten, ca. 300 g	schälen, längs halbieren und in dünne Scheiben schneiden.
1 große Stange Lauch, ca. 200 g	von den groben grünen Blättern befreien und längs halbieren. Quer in feine Streifen schneiden und waschen.
4 EL Sonnenblumenöl	in einem größeren Topf erhitzen. Zwiebeln und Karotten unter Rühren darin anschwitzen.
2 Lorbeerblätter *4 TL Majoran, getrocknet*	mit Knoblauch und Lauch dazugeben, durchrühren und mit etwas Wasser ablöschen. Mit
2 TL Salz *1 TL Zitronensaft* *1/2 TL Kurkuma*	abschmecken. 3–4 Minuten unter Rühren das Gemüse weich dünsten, dann beiseite stellen. Wenn die Erbsen gar sind, harte Stücke der Alge oder Lorbeerblatt entfernen und Erbsen pürieren. Gemüse zur Erbsensuppe geben und kurz aufkochen. Die Suppe mit
1–2 TL Salz	abschmecken.
4 dicke Scheiben Roggensauerteigbrot	in Würfel schneiden.
6 EL Olivenöl	in einer Pfanne erhitzen. Brotwürfel beigeben und unter Rühren kross braten. Mit
1 TL Thymian, getrocknet *1/2 TL Salz* *etwas abgeriebener Zitronenschale*	würzen, nochmals gut durchrühren. Brotwürfel in eine Schüssel geben und getrennt zur Suppe reichen.
4 EL Petersilie, gehackt	vor dem Servieren über die Suppe geben.

Tipps

- Falls Sie keine Zeit haben, um Croûtons zu machen, lassen Sie vor dem Servieren einen Faden Öl in die Suppe laufen, z. B. Kürbiskernöl, oder bestreuen Sie die Suppe mit Sesamsalz (Gomasio).
- Bei Schilddrüsenüberfunktion keine Algen verwenden!
- **Vorkochen:** Die doppelte Menge an Gemüseeinlage herstellen. Da sie auch »pur« ohne Suppe schmeckt, eine Hälfte gleich als Karotten-Lauch-Gemüse essen, z. B. zu Reis, Polenta oder Pellkartoffeln. Wer mag, ergänzt es mit angebratenen Schweine- oder Rindfleischstreifen. Die andere Hälfte für die nächste Mahlzeit mit Erbsensuppe verwenden.
- **Mitnehmen:** Die Suppe in einer Thermoskanne, die kalten Brotwürfel zusammen mit frischer Petersilie in einer Frischhaltedose transportieren, als Nachtisch süßer Getreideauflauf.
- Die Suppe kann ergänzt werden mit gebratenen Tofuwürfeln, Rindswürstchen, Frankfurter oder Wiener Würstchen, gerösteten Sonnenblumenkernen.

Geröstete Grießsuppe

20 Minuten

Unsere schnellste selbst gemachte Suppe. Weizen kühlt, beruhigt und ist deshalb das perfekte Getreide für eine Abendmahlzeit oder ein Krankensüppchen, wenn man mit Fieber im Bett liegt.
Zum Aufgießen kann man jede Form von bereits vorhandener Brühe oder unsere Suppenwürzen verwenden. So geht es besonders schnell. Außerdem schmeckt die Suppe immer anders und gibt – gekocht mit Fleischbrühen – zusätzlich Kraft. In diesem Fall ist sie auch eine prima Morgenmahlzeit.

1 kleine Karotte	schälen und raspeln.
1 kleine Stange Lauch	putzen, grobe grüne Blätter entfernen, Lauch längs halbieren und in feine Streifen schneiden.
60 g Weizen- oder Dinkelgrieß *1 Prise Kurkuma*	in einem Topf bei mittlerer Hitze hellbraun rösten.
3 EL Butter oder Sonnenblumenöl *1 Lorbeerblatt* *1 TL Salz*	mit den Gemüsestreifen zum gerösteten Grieß geben und unter Rühren kurz anschwitzen.
1 Liter Gemüsebrühe (Rezept S. 26) *oder Fleischbrühe (Rezept S. 24)*	zugießen und aufkochen. Ca. 10 Minuten bei wenig Hitze unter häufigem Rühren köcheln lassen.
Petersilie oder Schnittlauch	frisch geschnitten vor dem Servieren in die Suppe geben.

Tipps

- Statt fertiger Brühe 1 Liter Wasser würzen mit 1 EL Gemüsewürze oder 1 EL Fleischextrakt (Rezepte S. 136/137) oder 1/4 TL gemahlener Bockshornkleesaat.
- Das frische Gemüse kann man auch weglassen, wenn Sie die Gemüsewürze verwenden, oder Sie kochen am Schluss drei in feine Streifen geschnittene Frühlingszwiebeln kurz mit.
- Wenn Sie ein Krankensüppchen kochen, lassen Sie besser den Lauch weg, da er schwer verdaulich ist, und verwenden Sie lieber Frühlingszwiebeln. Diese bauen auch Abwehrenergie auf.

Graupensuppe mit Backpflaumen

Zur Abwechslung mal eine süße Suppe, die sich sehr gut zum Frühstück und als Abendessen eignet. Das Rezept stammt von Christinas Großmutter.
Graupen sind geschälte und polierte Gerstenkörner. Sie werden auch Rollgerste genannt. Diese Suppe ist leicht verdaulich und wirkt staulösend. Wir essen sie besonders gerne in der kalten Jahreszeit, weil die vielen Gewürze so schön wärmen.

10 Minuten + 1 Stunde Kochzeit

150 g Backpflaumen	in kaltem Wasser einweichen.
100 g Gerstengraupen	in einem Sieb waschen.
1 Liter Wasser	
1 Prise Salz	in einen höheren Topf geben.
1/2 Zitrone, Saft und fein gehackte Schale	
1 Prise reines Kakaopulver	
4 EL Rohrzucker	zusammen mit den Graupen in den Topf geben.
1 Zimtstange	
1 Sternanis oder 1/2 TL Anispulver	
3 Nelken	
2 Kapseln Kardamom	in das Wasser geben. Suppe zum Kochen bringen und zugedeckt auf kleiner Flamme weiterköcheln. Nach 45 Minuten Kochzeit Einweichwasser der Backpflaumen wegschütten, Früchte halbieren und zur Suppe geben und in weiteren 15 Minuten gar kochen. Dann die ganzen Gewürze herausnehmen.
1 EL Butter	zum Abschluss darunterrühren.

Tipps

- Suppe mit Sahne verfeinern, nicht mitkochen, sondern erst vor dem Servieren darübergeben.
- Wenn Sie die Suppe als Frühstück essen, bestreuen Sie diese mit gehackten, gerösteten Walnüssen. Das macht länger satt.
- Wenn die Suppe länger steht, quillt sie weiter aus und wird fest. In kleine Schälchen gefüllt und abgekühlt, schmeckt sie so auch als Nachtisch.
- Alle Gewürze (Zimtstange, Sternanis, Nelken, Kardamom) in einem Teebeutel mitkochen, dann können sie leichter herausgenommen werden.
- **Mitnehmen:** Als warme Suppe in einem Thermosbehälter oder, wie vorher beschrieben, abgekühlt in einem Vorratsschälchen als Nachtisch nach einer anderen herzhaften Suppe.

Gemüse und Blatt-salate

Gemüse und Blattsalate begleiten uns durch das Jahr.
Spinat und Spargel gibt es im Frühjahr, Tomaten und Gurken im Sommer, Kürbis und Rettiche im Herbst, Wirsing und Feldsalat im Winter.

Gemüse und Blattsalate, in ihrer Hauptwachstumszeit auf freiem Feld geerntet, bieten ein feines, aromatisches Geschmackserlebnis und beste gesundheitliche Wirkung, da sie je nach Jahreszeit die passenden Inhaltsstoffe für uns bereithalten. Wenn die Qualität stimmt, reichen ganz wenige Zutaten, um ein Gericht schmackhaft zu machen. Anregungen hierzu gibt es in unserem Rezept »Gemüse – schnell und lecker«. Pilze sind eine wertvolle Eiweißquelle. Sie tauchen daher immer wieder als Zutat auf.

Gemüse ist nicht nur sehr verschieden im Geschmack, sondern auch bekömmlich – also gut als Hauptbestandteil auf unserem täglichen Speiseplan, um uns auf sanfte Art zu unterstützen. Tatsächlich hat jedes Gemüse seine eigene spezielle Wirkung. Voraussetzung ist eine gute Qualität und der natürliche Anbau ohne Düngemittel und Pestizide: Nur so kann eine Karotte nach Karotte schmecken und ihre Heilwirkung entfalten.

Wurzelgemüse, wie Karotten und Pastinaken, stärken durch ihren süßen Geschmack »unsere Mitte« und verhindern Süßgelüste. Grüne Blattgemüse, wie z. B. Spinat, unterstützen unseren Blut- und Säfteaufbau und die Zwiebelgewächse und Kohlsorten helfen vor allem im Herbst und Winter, unsere Abwehrenergie aufzubauen.

An jedes Gemüsegericht sollte auf alle Fälle ein bisschen hochwertiges Fett gegeben werden, weil es den Geschmack hebt und verdauen hilft. Aber bitte nicht in Form von schwer bekömmlichen Sahnesoßen oder überbackenem Käse. Probieren Sie stattdessen einmal unser Kohlrabi-Karotten-Gemüse, das wir, ebenso wie den durchgedrehten Wirsing, mit einer guten alten Mehlschwitze zubereiten. Sie schmeichelt nicht nur dem Gaumen, sondern auch dem Magen, der es gerne »suppig« mag.

Frische Blattsalate sollten regelmäßig auf dem Speiseplan stehen – allerdings nur in kleinen Mengen als Beigabe und – nicht nur aus Geschmacksgründen – mit einem verdauungsfördernden Dressing aus hochwertigen Zutaten. Das frische Grün liefert Stoffe für unseren Blutaufbau und Bausteine für Enzyme, die unsere Verdauung benötigt. Ausschließlich Blattsalat essen, vielfach als »gesund und kalorienarm« angepriesen, erfrischt an einem heißen Tag kurzfristig, aber es macht nicht satt. Regelmäßig als Hauptmahlzeit gegessen, führt das zu Heißhunger- und Süßattacken, weil unser Körper nicht genährt wird. Gut bekömmlich und auch als Hauptmahlzeit geeignet sind Salate aus gekochtem Gemüse, wie z. B. Spargelsalat oder Salat aus grünen Bohnen und Pfifferlingen. Kohlsalate sollte man bei schwacher Verdauung nicht in großen Mengen und abends eventuell gar nicht essen.

Wenn Sie Gemüse als Rohkost essen wollen, dann helfen Sie Ihrem Magen sehr, wenn Sie die Zutaten fein zerkleinern wie in unserem Radieschen- oder Gurkensalat. Die richtige Schneidetechnik ist das »Aroma-Tüpfelchen«. Schnittflächen geben mehr Aroma als ungeschnittene Oberflächen, und je größer die Schnittflächen, desto mehr Aroma. Einige Gemüsesorten entwickeln ihre wertvollen Wirkstoffe erst durch das Kochen, wie z. B. Kohl und Tomaten.

Karotten
mit Ingwer, Rosinen und Cashewkernen

Dieses Gericht stärkt und wärmt den Verdauungstrakt. Die pikante Würze und die Ergänzung durch Nüsse oder Samen machen es zu einem idealen Gemüsegericht, das auch ohne Fleischbeilage schmeckt und satt macht.

30 Minuten

ca. 600 g Karotten	putzen und schräg in ca. 5 mm dünne Scheiben hobeln oder schneiden.
2 EL helles Sesamöl, ersatzweise Sonnenblumenöl	in einer größeren Pfanne mit Deckel oder einem Wok leicht erhitzen. Karotten im Öl unter Rühren kurz anschwitzen.
1 EL Rosinen 1 EL frischen Ingwer, fein gehackt 1 TL Salz 1 TL Zitronensaft 1/2 TL Kurkuma	nacheinander in die Pfanne geben und durchrühren.
100 ml heißes Wasser	angießen, Deckel auflegen und in ca. 10 Minuten gar dünsten. In der Zwischenzeit
2 EL Cashewkerne	in einer Pfanne ohne Fett rösten, am Schluss der Garzeit unter die Karotten mischen.
1 kleines Bund Petersilie	hacken und vor dem Servieren über die Karotten streuen.

Passt zu

Kartoffelpüree (Rezept S. 79), Polenta mit Salbeibutter (Rezept S. 76), Reisvariation mit Kardamom (Rezept S. 71), pochiertem Rinderfilet oder Huhn (Rezept S. 91), Frikadellen (Rezepte S. 64, 85, 109)

Tipps

- Versuchen Sie statt Petersilie einmal Koriandergrün.
- **Mitnehmen:** Die Karotten schmecken auch als Antipasto.

Glasierte Karotten und Frühlingszwiebeln

30 Minuten

Die Zubereitung mit Zucker unterstreicht die feine süßliche Note der Gemüse. Sie befriedigt dadurch Süßgelüste und der Ingwer regt die Verdauung an. Besonders gut eignet sich für diese Zubereitungsmethode stärkehaltiges Gemüse. Der beim Anschwitzen austretende Saft verbindet sich mit Zucker und Butter und lässt das Gemüse schön glänzen.

400 g Karotten	putzen und schräg in ca. 5 mm dicke Scheiben schneiden.
2 Bund Frühlingszwiebeln	putzen. Nur den weißen Teil, ca. 10 cm, verwenden. Quer in mundgerechte Stücke schneiden. Dickere Knollen halbieren.
1 EL helles Sesamöl oder Sonnenblumenöl	
1 EL Butter	in einem Topf leicht erhitzen.
1 EL Rohrzucker	darin leicht bräunen.
1/2 EL frischen Ingwer, fein gehackt	kurz anbraten.
1/4 TL Salz	
1 Spritzer Zitronensaft	
1 Prise Kurkuma	zusammen mit dem Gemüse hinzufügen und kurz durchrühren.
100 ml Wasser	zugießen und unter weiterem Rühren die Flüssigkeit einkochen lassen. Das Gemüse sollte am Schluss schön glänzen und nicht zu weich sein.

Passt zu

mariniertem Fleisch (Rezept S. 92/93), pochiertem Rinderfilet oder Huhn (Rezept S. 91), Frikadellen (Rezepte S. 64, 85, 109), geröstetem Hackfleisch (Variation Frikadellen Rezept S. 85), Couscous (Rezept S. 75), gewürztem Bulgur (Rezept S. 77), Kartoffelpüree (Rezept S. 79), Polentaschnitten (Rezept S. 76), Reisvariationen (Rezept S. 70)

Variationen

Glasierter Fenchel: Fenchelstreifen verwenden und mit zerstoßenem Fenchel- oder Anissamen statt mit Ingwer würzen. Nur Butter verwenden.

Glasierte Maroni: Im Herbst und Winter 200 g vorgegarte Maroni verwenden und statt Wasser Weißwein. Dieses Gericht schmeckt ganz besonders gut zu durchgedrehtem Wirsing (Rezept S. 52).

Tipps

- Die grünen Enden der Frühlingszwiebeln für Suppe verwenden oder fein geschnitten auf ein kräftiges Roggenbrot mit Butter geben.
- Junge kleine Bundmöhren im Ganzen verwenden. Dabei Kraut 1 cm stehen lassen. Doppelte Menge Wasser angießen, weil die ganzen Möhren länger garen müssen.
- Karotten und Kohlrabi, in Stifte geschnitten, kombinieren.

Kohlrabi-Karotten-Gemüse

Kohlrabi stärkt auch unsere Mitte und ist deshalb ein guter Begleiter für die süße Karotte. Er wirkt leicht entwässernd. Kaufen Sie Kohlrabi mit viel frischem Blattgrün. Wir verwenden es mit, da es wertvolle Nährstoffe enthält. In feine Streifen geschnitten wird es zum Schluss mit dem Gemüse noch ein wenig gegart. Durch das Bestäuben mit dem Mehl entsteht eine sämige Soße, die dem Magen schmeichelt. Sie ist eine abgespeckte Version der guten alten Mehlschwitze.

25 Minuten

2–3 Kohlrabiknollen, ca. 400–500 g	schälen und in dünne Stifte schneiden. Die feinen Blätter vom Kohlrabigrün in feine Streifen schneiden und beiseite stellen.
4–5 Karotten, ca. 400–500 g (insgesamt geputzt ca. 800 g Gemüse)	schälen und schräg in dünne Scheiben schneiden.
275 ml Wasser *1 Spritzer Zitronensaft* *1 Prise edelsüßes Paprikapulver* *2 EL Butter*	zum Kochen bringen. Gemüse dazugeben, wieder aufkochen und zugedeckt auf kleiner Flamme ca. 6 Minuten dünsten. Ab und zu umrühren.
2 EL Weizenmehl	über das Gemüse stäuben und umrühren. Kohlrabigrün dazugeben und noch 2 Minuten unter Rühren dünsten. Mit
Muskatnuss, frisch gerieben *2 TL Salz*	würzen.
2 EL gehackte Petersilie	vor dem Servieren über das Gemüse geben.

Passt zu

Pellkartoffeln mit Leinöl, Frikadellen (Rezepte S. 64, 85, 109), gebratenem Tofu (Rezept S. 107), pochiertem Rinderfilet (Rezept S. 91), mariniertem Fleisch (Rezept S. 92/93)

Tipp

- Diese Zubereitung eignet sich auch für Lauch, Wirsing und Rosenkohl.

Gemüse – schnell und lecker

15–20 Minuten

Das Grundprinzip ist immer dasselbe: Gemüse, je nach Beschaffenheit, in mehr oder weniger Wasser garen, erst nach dem Kochen etwas Öl oder Butter darübergeben – dadurch ist es bekömmlicher – und mit wenigen Zutaten noch geschmacklich abrunden. Das geht nicht nur besonders schnell. Auf diese Art kommt auch das Eigenaroma der Gemüse verstärkt zur Geltung. Das funktioniert daher besonders gut mit Bio-Gemüse.

Blattspinat

ca. 1 kg Blattspinat	waschen, grobe Stängel entfernen und sehr große Blätter etwas zerkleinern. Tropfnass in einen großen Topf oder einen Wok geben und erhitzen, bis die Blätter zusammenfallen.
2 EL Olivenöl oder Butter	darübergeben. Mit
Muskatnuss, frisch gerieben	
2 TL Salz	
einigen Spritzern Zitronensaft	
1 Prise edelsüßem Paprikapulver	würzen.

Blumenkohl

1 kleiner Blumenkohl, ca. 600 g	waschen, äußere Blätter entfernen, Strunk herausschneiden und Kohl in Röschen aufteilen. In reichlich Salzwasser in ca. 10 Minuten weich kochen. Abschütten. In der Zwischenzeit
2 EL Sonnenblumenkerne oder Sesam	ohne Fett in einer Pfanne anrösten.
4 EL Petersilie, gehackt	
2 EL Oliven- oder Sonnenblumenöl	zusammen mit der Petersilie und Kernen über den gekochten Blumenkohl geben. Mit
Salz	abschmecken.

Zucchini

250 ml Wasser	zum Kochen bringen.
2–3 Zucchini, ca. 600 g	waschen, der Länge nach halbieren, quer in 5 mm breite Scheiben schneiden und im Wasser bei geschlossenem Deckel in ca. 5 Minuten knapp weich dünsten. Zwischendurch einmal umrühren. In der Zwischenzeit
1/2 Bund Basilikum	waschen, trocken tupfen und mit der Schere in feine Streifen schneiden.
2 EL Oliven- oder Sonnenblumenöl	über die Zucchini geben. Mit
schwarzem Pfeffer, frisch gemahlen	
1–2 TL Salz	
einigen Spritzern Zitronensaft	würzen. Mit Basilikum bestreuen.

Passt zu

sehr vielen Gerichten aus dem Buch, hier nur unsere Leibspeisen:

Spinat: klassisch mit Spiegel- oder Rührei und Kartoffeln, Polenta (Rezept S. 76), gebratenem Tofu (Rezept S. 107), Frikadellen (Rezepte S. 64, 85, 109), pochiertem Rinderfilet (Rezept S. 91)

Blumenkohl: Kartoffelpüree (Rezept S. 79), Reisvariation mit Algen (Rezept S. 71), Frikadellen (Rezepte S. 64, 85, 109)

Zucchini: gewürztem Bulgur (Rezept S. 77), Couscous pur (Rezept S. 75), Frikadellen (Rezepte S. 64, 85, 109), mariniertem Fleisch (Rezept S. 92/93), weißen Bohnen mit Salbei und Tomate (Rezept S. 106)

Tipps

- Am allerschnellsten geht es, wenn Sie nach dem Öl nur etwas Gomasio (Sesamsalz) oder grob geriebene Parmesanspäne über die Gemüse geben.
- Die Rezepte eignen sich natürlich auch für jeweils gleichartige Gemüsesorten, z. B. Mangoldblätter statt Spinat, Brokkoli statt Blumenkohl.
- Blumenkohl und Zucchini lassen sich auch gut über Dampf garen. Das dauert dann allerdings länger, ist aber schonender für die Nährstoffe.
- Geben Sie generell Nüsse oder Samen zum Gemüse, wenn Sie Eiweiß brauchen und satt werden wollen. Vorher in der Pfanne leicht anrösten, das schmeckt gut und wärmt.

Chicorée, gebraten

10 Minuten

Wir schätzen das Stangengemüse wegen seiner Bitterstoffe, die die Verdauung anregen. Gebraten entfaltet er sein ganz eigenes Aroma und schmeckt sehr gut zu Kartoffelpüree, Polenta oder Hirse, ergänzt mit einem pochierten Ei.
Dieses Rezept ist nur für zwei Personen, da der Chicorée in der Pfanne nicht übereinander liegen sollte. Wir lieben dieses Gemüse aber auch als knackigen frischen Salat (siehe Variation).

2 Stangen Chicorée, ca. 300 g	waschen und Wurzelenden etwa 1 cm dick abschneiden. Unschöne Blattteile entfernen, Stangen längs vierteln und keilförmig den Strunk herausschneiden.
1 EL Butter	in einer Pfanne schmelzen, nicht bräunen, und Chicorée dicht an dicht hineinsetzen. Das Gemüse mit
weißem Pfeffer, frisch gemahlen	
Salz	
ein paar Spritzern Zitronensaft	
1 Prise Kurkuma	
1 Prise Rohrzucker	würzen. Dann bei mittlerer Hitze kurz braten. Danach den Chicorée vorsichtig mit einer Gabel wenden und bei geschlossenem Deckel 2 Minuten dünsten.
2 EL Sesam oder Sonnenblumenkerne	in einer Pfanne ohne Fett rösten und vor dem Servieren über das Gemüse geben.

Variation

Chicoréesalat: 4 Stangen wie oben beschrieben putzen, quer in feine Streifen schneiden. Den Salat mit erfrischendem Dressing (Rezept S. 113) oder Karotten-Miso-Dip (Rezept S. 115) mischen. Diesen Salat kann man nach Belieben und Saison ergänzen mit Obstsorten (Apfel-, Mandarinen-, Apfelsinen- oder Grapefruitstückchen) und diversen Nüssen (Walnüssen, Cashew- oder Pinienkernen, Mandeln).

Gemüse-Frittata

30 Minuten

Die italienische Variante von Omelett wird von beiden Seiten gebraten. Sie gelingt immer und schmeckt gut zum Frühstück oder Mittagessen. Sie können vorgekochte Kartoffeln oder Nudeln mitbacken. Der Eierkuchen lässt sich auch gut kalt als Sandwich mitnehmen.

500 g Zucchini	waschen, je nach Größe halbieren und in ca. 5 mm dicke mundgerechte Scheiben schneiden.
2 EL Olivenöl	in einer Pfanne erhitzen und Gemüse leicht anbraten. Abgedeckt knapp weich dünsten. In der Zwischenzeit
4 Eier	in einer größeren Schüssel mit dem Schneebesen verquirlen. Die Eiermasse mit
1 TL Majoran oder Oregano, getrocknet	
schwarzem Pfeffer, frisch gemahlen	
1/2 TL Salz	würzen. Zucchini hinzufügen und vermischen.
2 EL Olivenöl	in der Pfanne erhitzen. Eier-Gemüse-Masse hineingeben und Pfanne schütteln, damit sich die Mischung gleichmäßig verteilt. Bei milder Hitze zugedeckt langsam stocken lassen. Dabei an der Pfanne rütteln, damit nichts ansetzt. Frittata wenden. Dazu die Pfanne mit Deckel oder flachem Teller bedeckt schwungvoll herumdrehen (beim 1. Mal vielleicht über dem Spülbecken ...) und den Eierkuchen vom Deckel mit der ungebratenen Seite nach unten in die Pfanne zurückgleiten lassen. Noch einige Minuten goldbraun braten.

Variationen

Frühlings-Frittata: Frühlingszwiebeln roh in die Eiermasse geben. Fertige Frittata mit frischen Kräutern und/oder Sprossen bestreuen.

Sommer-Frittata: Neben den oben erwähnten Zucchini verwenden wir sehr gerne Tomaten. Kerne entfernen und Tomaten roh in die Eiermasse geben.

Herbst-Frittata: in feine Ringe geschnittene Zwiebeln, Spinat, Pilze

Winter-Frittata: Fenchel, Lauch

Rote-Bete-Carpaccio

30–45 Minuten Kochzeit + 25 Minuten Zubereitung + 15 Minuten Ziehenlassen

Rote Bete ist ein köstliches Gemüse, das viel Farbe und Geschmack in die Herbst- und Winterküche bringt. Leider findet man sie heutzutage in Deutschland meistens nur vorgekocht und abgepackt im Supermarkt. Dabei ist die Zubereitung so leicht wie die von Pellkartoffeln!
Sie werden nun einwenden: Aber die roten Hände! Dagegen hilft, wenn überhaupt nötig, ein wenig Zitronensaft. Oft schmeckt Rote Bete etwas muffig. Das kann an der Qualität liegen. Bio-Ware hat noch jenes frische, saftige, erdig-süße Aroma, das die Rote Bete so schmackhaft macht.

Rote Bete

400 g Rote Bete, wenn möglich gleich große Knollen

in einen Topf geben, mit Wasser bedecken und gar kochen. Das dauert je nach Größe der Knollen 30–45 Minuten. Abgießen, mit kaltem Wasser abschrecken und schälen.
Knollen in hauchdünne Scheiben hobeln.
Auf 4 Tellern oder einer großen Platte schuppenförmig auslegen.

Dressing

4 EL Walnuss- oder Olivenöl
1 EL frisch geriebenen Meerrettich
1/2 TL Salz
2 EL Apfel- oder Weinessig
1 Prise edelsüßes Paprikapulver
1–2 TL Agavendicksaft oder Rohrzucker

mit einer Gabel oder einem kleinem Schneebesen zu einem mild-süßsauren Dressing verrühren.
Die Hälfte des Dressings mit einem Teelöffel über das Gemüse verstreichen, sodass es wie lackiert aussieht. Gemüse mindestens 15 Minuten marinieren.

1 Bund Rucola

waschen, trocken tupfen und um die Rote Bete herum anrichten.
Mit dem restlichen Dressing beträufeln.

Passt zu

pochiertem Rinderfilet (Rezept S. 91), Frikadellen (Rezepte S. 64, 85, 109), Polentaschnitten (Rezept S. 76), gebratenem Fisch

Tipps

- Knollen am Vortag vorkochen.
- In dünne Scheiben geschnittene Champignons mit den Roten Beten marinieren.
- **Vorkochen:** Mehr kochen und für Rote-Bete-Suppe (Rezept S. 35) verwenden oder würfeln, in Butter schwenken, mit Koriander, Kumin, Zitronensaft, Salz und Zucker würzen.

Wirsingrouladen

30 Minuten + mind. 45 Minuten Schmorzeit

8 größere äußere Wirsingblätter waschen und feste Rippen herausschneiden. So lassen sich die Blätter leichter aufrollen.

1 Liter Wasser
1/2 TL Salz
1 Spritzer Zitronensaft
1 Prise Kurkuma zusammen in einem großen Topf zum Kochen bringen. Wirsingblätter hineingeben und 5 Minuten blanchieren – nicht zu weich werden lassen. Wirsing durch ein Sieb abschütten, dabei 250 ml Kochwasser auffangen. Abtropfen lassen.

Fleisch- oder Tofumasse aus den Rezepten für Frikadellen (S. 85/109) herstellen und in 8 Portionen aufteilen. Auf das untere Ende der Wirsingblätter geben, die Blattseiten einschlagen und von unten beginnend aufrollen. Mit Baumwollgarn zubinden.

1 Zwiebel
1 Knoblauchzehe
1 EL frischen Ingwer, gehackt fein hacken.

2 EL Sonnenblumenöl in einem Schmortopf erhitzen. Rouladen zusammen mit Zwiebeln, Knoblauch und Ingwer rundum kräftig anbraten. Sie dürfen ruhig etwas braun werden. Mit

schwarzem Pfeffer, frisch gemahlen würzen.

Wirsingbrühe zugießen, den Deckel auflegen und die Rouladen bei mittlerer Hitze etwa 45 Minuten schmoren.

Passt zu

klassisch: Salzkartoffeln oder Kartoffelpüree (Rezept S. 79) und Endiviensalat

Tipps

- Mit der Wirsingbrühe einen Schuss Weißwein zugeben.
- **Vorkochen:** Wirsingblätter zusammen mit den Wirsingachteln fürs Gemüse (siehe oben) vorkochen. Blätter auf einen großen Teller legen, mit Folie abgedeckt im Kühlschrank aufbewahren. Am nächsten Tag können Sie die Wirsingblätter füllen.

Rotkohlsalat
mit Rosinen und Walnüssen

30 Minuten + mindestens 20 Minuten Ziehenlassen

Ein Wintersalat, der nicht nur das Auge erfreut. In kleinen Mengen ist er gut verträglich und eine fruchtige Abwechslung zu den wärmenden, lang gekochten Wintergerichten. Durch die Rosinen und Walnüsse macht er satt und außerdem lässt er sich gut mitnehmen.

4 EL Rosinen	in Wasser einweichen.
1 kleine Zwiebel	schälen und fein hacken.
1 Nelke *1 1/2 Liter Wasser* *1 TL Salz* *1 EL Weißweinessig*	in einem Topf zum Kochen bringen. In der Zwischenzeit von
1 Rotkohl, ca. 400 g	Hüllblätter entfernen, vierteln und Strunk entfernen. Kohl fein hobeln oder in feine Streifen schneiden. Rotkohl in das kochende Wasser geben, aufkochen lassen, dann in ca. 1 Minute kurz blanchieren. Abgießen und sofort mit den abgetropften Rosinen und der Zwiebel vermengen.
1/2 Orange	waschen, Schale abreiben und Saft auspressen.
1/2 Zitrone, Saft *1/4 TL Kurkuma* *1 TL Vanillezucker* *3 EL Walnussöl oder anderes Nussöl* *1 Prise Zimt* *1 TL Salz*	Alles zu einem süß-sauren Dressing anrühren und über den heißen Rotkohl geben. Mindestens 20 Minuten ziehen lassen, dann eventuell nochmals abschmecken. Während der Salat zieht,
60 g Walnüsse	ohne Fett hell rösten, grob hacken und unter den Salat mischen.

Passt zu

Frikadellen (Rezepte S. 64, 85, 109), Wildfleisch, z. B. Reh- oder Hirschsteaks, Hirschgulasch, Polenta, vor allem gebratenen Polentaschnitten (Rezept S. 76), Kartoffelpüree (Rezept S. 79), Süßkartoffelpüree mit Meerrettich (Variation Kartoffelpüree Rezept S. 79)

Tipps

- Leicht säuerlich frisch schmecken anstatt der eingeweichten Rosinen Preiselbeeren.
- Schmeckt am besten lauwarm gegessen.
- **Mitnehmen:** Ein Sandwich belegt mit Frikadellen aus Fleisch, Gemüse oder Tofu, den Rotkohlsalat dazu essen.

Radieschensalat

10 Minuten

Radieschen und Rettich sind scharf und erfrischend. Ideal im Sommer, um unser »Qi« in Bewegung zu bringen, ohne uns zu erhitzen. Sie dienen aber auch noch im Herbst der Stärkung unserer Abwehr, da sie die Lungen befeuchten und gleichzeitig Schleim lösen.
Wir essen sie in unseren Breiten hauptsächlich roh. Am besten sind sie fein zerkleinert und etwas angemacht wie unser Salat. Aber probieren Sie auch mal kurz gebratene Radieschen in Sesamöl, leicht gesalzen und bestreut mit Sesam, oder Rettichscheiben als Einlage in einer selbst gemachten Brühe.

1 Bund Radieschen, ca. 300 g, mit viel frischem Grün putzen, waschen und in sehr dünne Scheiben hobeln oder schneiden oder grob raspeln.
Eine Handvoll zarte grüne Blätter mit der Schere fein zerschneiden.

1 TL Salz mit den Radieschenscheiben vermischen und auf 4 kleine Teller verteilen.

4 TL Walnuss- oder Steinpilzöl (siehe Tipps) über die Radieschenscheiben träufeln und das Radieschengrün darübergeben.

Passt zu

Frikadellen (Rezepte S. 64, 85, 109), Gemüse-Frittata (Rezept S. 49), Roggensauerteigbrot mit Butter, gekochter Hirse mit weich gekochtem Ei

Tipps

- **Steinpilzöl:** Ca. 10 g getrocknete Steinpilze in einer lichtgeschützten Flasche mit 500 ml Sonnenblumenöl mindestens 3 Wochen ruhen lassen. Vor Gebrauch Flasche gut reinigen und völlig austrocknen lassen. Auf gutes Aroma der Pilze achten.
- Rettichsalat immer frisch essen, er wird durch langes Stehen wässrig.
- Wenn nicht genügend Radieschengrün vorhanden ist, passt sehr gut in feine Röllchen geschnittener Schnittlauch dazu.
- Alternativ weißen oder schwarzen Rettich verwenden. Sehr lecker und etwas schärfer im Geschmack sind die kleinen weißen Rettiche, genannt »Eiszapfen«.
- Ein altbewährtes Heilmittel bei trockenem Husten mit festsitzendem Schleim ist Rettichsirup, der sogar den meisten Kindern gut schmeckt: Schwarzen oder weißen Rettich in sehr feine Scheiben schneiden – eine kleine Kompottschale voll –, mit 4 EL Rohrzucker vermischen und stehen lassen, bis sich ein Sirup gebildet hat. Diesen wie Hustensirup einnehmen.

Grüne Bohnen – warm oder als Salat

40 Minuten

Grüne Bohnen eignen sich für den Blut- und Säfteaufbau. Zusätzlich stärken sie unsere Mitte und sind durch die Beigabe von Pilzen oder Schafkäse ein gutes vegetarisches Essen. Bohnenkraut bekommt man beim Einkauf am Marktstand meistens kostenlos geliefert. Es hilft, die Bohnen zu verdauen.
Ob als Salat oder als warmes Gericht, sie gehören zu unseren Leibspeisen im Sommer. Kochen Sie gleich die doppelte Menge Bohnen und Sie haben das nächste Gericht schon vorbereitet.

Vorbereitung

1 1/2 Liter Wasser	
1 TL Salz	
1 Stängel Bohnenkraut	zum Kochen bringen.
	In der Zwischenzeit
750 g grüne breite Bohnen	waschen, an beiden Enden abschneiden, eventuell entfädeln und schräg in ca. 2 cm breite Stücke schneiden.
	In das kochende Salzwasser geben und ca. 8 Minuten kochen.
	Bohnen abgießen und Bohnenkraut entfernen.
	Bohnen beiseite stellen.

Grüne Bohnen mit Tomaten und Schafkäse

	Während die Bohnen kochen, von
500 g Tomaten	Haut kreuzweise einschneiden und mit kochendem Wasser überbrühen, schälen und Strunk herausschneiden. Tomaten vierteln, entkernen und in kleine Stücke schneiden.
1 Zwiebel	schälen und in kleine Würfel schneiden.
4 EL Olivenöl	in einer großen Pfanne erhitzen, Zwiebeln darin glasig braten. Mit
1 TL getrocketem Thymian	
1 TL Salz	würzen. Tomatenstücke dazugeben.
1/2 TL Kurkuma	
1/2 TL Rohrzucker	
2 EL Petersilie, gehackt	beigeben und 3–4 Minuten köcheln lassen.
	In der Zwischenzeit
200 g Schafkäse	in mundgerechte Stücke schneiden.
	Bohnen zur Tomatensoße geben und nochmals erhitzen. Petersilie und Schafkäse unterheben. Mit
schwarzem Pfeffer, frisch gemahlen	würzen.

Grüne-Bohnen-Pfifferling-Salat

Während die Bohnen kochen,

200 g Pfifferlinge putzen. Bitte Pilze nicht waschen, sondern mit einem Pinsel Schmutz entfernen und schadhafte Stellen abschneiden. Dann kleinere Pilze halbieren, die größeren längs in Scheiben schneiden.

1 Zwiebel schälen und in kleine Würfel schneiden.

4 EL Sonnenblumenöl in einer großen Pfanne erhitzen, Zwiebeln darin glasig braten, dann Pilze dazugeben und 4 Minuten unter Rühren braten. Mit

schwarzem Pfeffer, frisch gemahlen
1/2 TL Salz würzen.

2 EL Weißweinessig
1/2 TL edelsüßes Paprikapulver
4 EL Sonnenblumenöl
2 TL Agavendicksaft
schwarzen Pfeffer, frisch gemahlen
1 1/2 TL Salz zu einem Dressing verrühren. Über die noch warmen Bohnen gießen und Pilze dazugeben. Alles gut vermischen. Vor dem Servieren 20 Minuten ziehen lassen.

3 EL Petersilie, gehackt vor dem Servieren untermischen.

Tipps

- **Für das Gemüse:** Tomatenstücke aus der Dose verwenden, wenn es schnell gehen soll oder keine aromatischen Tomaten erhältlich sind. Den Schafkäse kann man – je nach eigenen Geschmacksvorstellungen – auch weglassen.
- **Bohnensalat:** Er schmeckt auch pur ohne Pfifferlinge. Die Zwiebel gibt man dann mit dem Dressing zu den heißen Bohnen.
- **Vorkochen:** Doppelte Menge Bohnen kochen und für ein einfaches Bohnengemüse verwenden: in Olivenöl und Butter schwenken und mit Thymian, Majoran, Pfeffer, Salz, Zitronenschale und frischer Petersilie würzen.

Wildkräuter-Sprossen-Salat

20 Minuten

Kräuter und Sprossen unterstützen unseren inneren Frühling. Küchen- und Wildkräuter wirken blutreinigend und aufbauend. Die scharfen Sprossen lösen Schleim. Als Basis eignet sich der erste grüne Blattsalat – oder der letzte Feldsalat. Manche Kräuter werden Sie sicher nur als Unkraut betrachten, sie sind aber wertvolle essbare Heilpflanzen.

1 kleinen Kopfsalat, Pflücksalat oder 100 g Feldsalat	waschen, trocknen und in kleine Stücke zerpflücken.
2 Handvoll Kräuter: z. B. Petersilie, Schnittlauch, Estragon, Pimpinelle, Borretsch, Kresse, Zitronenmelisse, Kerbel, Pfefferminze, Brennnesseln, Löwenzahn, Knoblauchrauke, Sauerampfer, Brunnenkresse, Portulak	waschen, auf Küchenpapier trocken tupfen und etwas zerpflücken. Die Blättchen sollten ruhig etwas größer bleiben.
1 Handvoll Sprossen: z. B. von Luzerne (Alfalfa), Radieschen oder Rettich	waschen.
Dressing	
1/2 Zitrone	auspressen. Fruchtfleisch aus der Presse mitverwenden.
1 Prise edelsüßes Paprikapulver, 6 EL Sonnenblumen-, Raps- oder Distelöl, 2 TL Agavendicksaft, weißen Pfeffer, frisch gemahlen, 1/2 TL Salz	miteinander verrühren.
	Salat und Kräuter vorsichtig mischen und auf vier Teller verteilen. Sprossen darübergeben. Kurz vor dem Servieren mit dem Dressing beträufeln.

Tipps

- Die Blüten von Gänseblümchen sind als Verzierung auf dem Salat sehr hübsch anzusehen und zum Mitessen geeignet. Im Sommer und Herbst blüht die Kapuzinerkresse, auch deren Blüten sind essbar.
- Mit gerösteten Sonnenblumenkernen, Sesam oder Mandeln bestreuen.
- 2 EL Weizenkeimöl und/oder 2 EL Weizengrassaft mitverwenden. Diese Zutaten verstärken den blutreinigenden und blutaufbauenden Effekt der Wildkräuter deutlich.

Spargelsalat
mit Estragon und rotem Pfeffer

Neben der Spargelsuppe ist dieser Salat unser Lieblingsrezept in der Spargelzeit. Roter Pfeffer stammt nicht von der Pfefferpflanze, hat aber einen leicht pfeffrig-fruchtigen Geschmack mit wacholderähnlicher Note. Man sollte ihn nicht lange mitkochen, sondern am besten frisch zerstoßen verwenden. Zusammen mit Estragon gibt er der Vinaigrette das ganz besondere Aroma, beide wirken verdauungsfördernd.

45 Minuten

1 kg weißen Spargel	waschen, schälen und schräg in mundgerechte Stücke schneiden.
2 1/2 Liter Wasser *2 TL Salz* *1 Spritzer Zitronensaft*	zusammen aufkochen. Spargel in das kochende Wasser geben und in ca. 10 Minuten garen. Er sollte nicht zu weich sein.
1 TL rote Pfefferbeeren	zermörsern oder mit der flachen Seite eines großen Messers zerdrücken.
4 EL Sonnenblumenöl *1/2 TL Salz* *2 EL Weißweinessig* *1 Prise edelsüßes Paprikapulver* *1 TL Agavendicksaft oder Rohrzucker*	in einer Salatschüssel zusammen zu einer Vinaigrette verrühren.
1 EL Estragon, fein gehackt	hinzufügen. Den Spargel noch warm mit der Vinaigrette vermischen und 10 Minuten durchziehen lassen.

Variation

Spargelsalat mit Ei: 4 hart gekochte Eier klein schneiden. Vor dem Spargel in das Dressing geben und verrühren. Dadurch verbindet sich das Eigelb mit dem Dressing, das dadurch sämiger und gehaltvoller wird.

Tipps

- Zur Hälfte grünen Spargel verwenden.
- Statt Estragon Petersilie oder Kerbel verwenden.
- **Vorkochen:** Spargelschalen aufheben. Spargel mit einem Schaumlöffel aus dem Kochwasser nehmen und Schalen darin 10 Minuten weiter köcheln. Sud für die Spargelsuppe (Rezept S. 32) verwenden.

Passt zu

Pellkartoffeln (dann den Salat mit hart gekochten Eiern ergänzen; siehe Variation), Frikadellen (Rezepte S. 64, 85, 109), pochiertem Rindfleisch oder Huhn (Rezept S. 91), gebratenem Fisch

Gurken – nicht nur als Salat

20 Minuten

Rohe Gurken kühlen und befeuchten den Körper. An heißen Sommertagen sind sie daher ideal als Salat, um uns zu erfrischen. Allerdings muss er mit den entsprechenden verdauungsfördernden Zutaten zubereitet werden, »damit er nicht mit uns spricht« – das ist ein alter Ausdruck für Aufstoßen. Die beiden wichtigsten Zutaten sind Senf und Dill. Oder Sie verwenden als Dressing unsere asiatische Variante. Die milde Säure von Reis- oder Perlgerstenessig in Kombination mit dem feinen Meeresgeschmack der Alge ist ein neues Geschmackserlebnis.
Gurken lassen sich aber auch als saftiges, gut verträgliches Gemüse zubereiten. Je nach Außentemperatur – als Salat oder Gemüse – lässt sich Gurke mit denselben Gerichten kombinieren. Und probieren Sie unbedingt auch mal unsere Gurkensuppe.
Nehmen Sie, wenn möglich, Landgurken. Sie sind etwas dicker und kürzer als die Salatgurken und haben noch den ursprünglichen leicht bitteren Geschmack.

Gurkensalat

500 g Landgurken in sehr feine Scheiben hobeln.
1 TL Salz untermischen und 10 Minuten stehen lassen.
Danach Gurken mit den Händen leicht auspressen. Dadurch verwässert das Dressing nicht und zu starke Bitterstoffe werden gemildert.
In der Zwischenzeit Dressing herstellen.

Klassisches Dressing

4 EL Sonnenblumenöl
1 TL scharfen Senf
1 TL Salz
2 EL Weißweinessig
1 Prise edelsüßes Paprikapulver
1 TL Agavendicksaft gut verrühren und mit den Gurken vermischen.
1/2 Bund Dill, gehackt untermischen.

Asiatisches Dressing

1 EL Sojasoße
3 EL Reis- oder Perlgerstenessig
1 Prise Kurkuma
1 EL Rohrzucker gut verrühren und mit den Gurken vermischen.
1 Blatt geröstete Nori-Alge mit der Schere in 2 cm breite Streifen schneiden, diese übereinanderlegen und in sehr feine Streifen schneiden. Vor dem Servieren nach Belieben über den Salat streuen.

Gurkengemüse

600 g Landgurken	schälen, halbieren und entkernen. In 5 mm breite Scheiben schneiden.
2 EL Olivenöl	in einem Topf erhitzen und Gurkenstücke hinzugeben.
1 TL Senf	unterrühren. Mit
weißem Pfeffer, frisch gemahlen	
1/2 TL Salz	würzen.
2 EL Weißwein	dazugeben und einige Minuten bei sanfter Hitze schmoren, bis die Gurken weich, aber noch knackig sind.
1/2 Bund Dill, gehackt	vor dem Servieren darüberstreuen.

Passt zu

- Frikadellen (Rezepte S. 64, 85, 109), pochiertem Rinderfilet (Rezept S. 91) – als Salat mit asiatischem Dressing, Gemüse-Frittata (Rezept S. 49)

Tipps

- Anstatt Dill können Sie natürlich auch frische scharfe Sprossen, von Senf, Rettich, Radieschen, Alfalfa oder Kresse, oder gehackten Estragon verwenden.
- Am Gurkensalat schmeckt gut eine halbe Zehe Knoblauch: sehr klein hacken, mit dem Salz zerdrücken und untermischen – oder die Salatschüssel mit einer angeschnittenen Zehe ausreiben. Knoblauch erwärmt das Gericht.

Kürbis vom Blech
mit Steinpilzschnitzeln

10 Minuten
+ 20 Minuten
Backzeit

Der Kürbis ist einfach zuzubereiten, macht wunderbar satt und ist eine Wohltat für unseren Magen. Ohne Steinpilze ist er auch ein gutes Abendessen. Unsere Steinpilzschnitzel harmonieren hervorragend mit dem Kürbisgeschmack und sind so wertvoll wie ein kleines Steak.

	Backofen auf 200 Grad vorheizen.
1 kleinen Hokkaido-Kürbis, ca. 1 kg	waschen, vierteln, mit einem Löffel Kerne entfernen und quer in etwa 2 cm dicke Scheiben schneiden.
4 EL Olivenöl *1 TL Majoran, getrocknet* *schwarzen Pfeffer, frisch gemahlen* *1 TL Salz*	in einer großen Schüssel vermischen, Kürbisstücke darin schwenken oder mit den Händen vermischen, dann auf einem Backblech verteilen. Im Backofen in ca. 20 Minuten weich backen.
Steinpilzschnitzel	
	In der Zwischenzeit
200 g große feste Steinpilze	mit einem Pinsel säubern, längs in 1 cm dicke Scheiben schneiden.
2 Eier *schwarzen Pfeffer, frisch gemahlen* *1 TL Salz* *2 EL Petersilie, sehr fein gehackt* *1 Prise Kurkuma*	in einem tiefen Teller verquirlen.
ca. 10 EL feine Semmelbrösel	in eine Schüssel geben. Pilzstücke portionsweise erst in Ei, dann in Bröseln wenden. Brösel vorsichtig andrücken.
Sonnenblumenöl	in einer Pfanne leicht erhitzen. Pilze nach und nach hellbraun backen. Auf Haushaltspapier abtropfen lassen und im Backofen warm stellen.

Dazu passt

Hirse in Grün (Rezept S. 69), gewürzter Bulgur (Rezept S. 77), Polenta (Rezept S. 76), statt der Steinpilzschnitzel Frikadellen (Rezepte S. 64, 85, 109), alle Sorten grüner Salat

Variation

Kartoffeln vom Blech: 600 g fest kochende Kartoffeln schälen und in ca. 2 cm große Würfel schneiden. 1 TL frische oder getrocknete Rosmarinnadeln fein hacken und anstatt Majoran zum Öl geben, eventuell feine Knoblauchscheiben untermischen.

Tipps

- Kürbis kann mit den verschiedensten Kräutern und Gewürzen gewürzt werden. Uns schmecken noch besonders gut Kümmel und Rosmarin.
- Kürbisreste zum Frühstück mit gekochtem Ei und Kürbiskernen essen.

Gemüsefrikadellen

30 Minuten

Wenn Freund Jürgen zum Essen kommt, wünscht er sich immer Gemüsefrikadellen. Am besten noch zwei bis drei zum Mitnehmen. Sie lassen sich zum Glück nach Jahreszeit variieren, sodass Abwechslung garantiert ist. Sie sind eine leckere Alternative zu Frikadellen aus Fleisch. Die Walnüsse geben ihnen den nötigen Biss und machen satt.

2 Karotten, ca. 200 g	schälen und fein raspeln.
1 Stange Lauch	halbieren, in feine Streifen schneiden, klein hacken, waschen und gut abtropfen lassen. Gemüse in einer Schüssel mischen. Mit
3 TL Majoran, getrocknet	
1 TL Salz	
einigen Spritzern Zitronensaft	würzen.
1 TL edelsüßes Paprikapulver	
3 EL Walnüsse, fein gehackt	
3–4 Eier, je nach Größe	
ca. 100 g Semmelbrösel	dazugeben und mischen, bis ein geschmeidiger formbarer Teig entsteht. Bei Bedarf noch mehr Semmelbrösel nehmen. 8 Laibchen formen.
Sonnenblumenöl	in eine große Pfanne geben – nicht zu stark erhitzen. Laibchen bei geringer Hitze ca. 15 Minuten braten. Damit sie nicht auseinanderfallen, erst wenden, wenn eine Seite der Laibchen kross gebraten ist. Auf Küchenpapier entfetten.

Dazu passt

Kartoffelpüree (Rezept S. 79), Kartoffelgemüse (Rezept S. 80), Süßkartoffelpüree mit Meerrettich (Rezept S. 79), Tomatensoße mit Kapern und Sardellen (Rezept S. 65), Polenta mit Salbei (Rezept S. 76), Couscous (Rezept S. 75)

Variationen

Je nach Jahreszeit können Sie für die Frikadellen andere Gemüse verwenden. Bewährt haben sich in unserer Küche folgende Kombinationen (Majoran weglassen):

- **Sommer:** 200 g geraspelte Zucchini mit 1 Bund Petersilie und 3 EL Pinienkernen.
- **Frühjahr:** 200 g geraspelte Kohlrabi mit 1 Bund Petersilie und 3 EL Haselnüssen.

Tipps

- In Scheiben geschnitten können die Laibchen natürlich auch über einen Salat gegeben werden.
- Für größere Mengen, z. B. das Kindergartenmittagessen oder eine Party, können die Frikadellen problemlos im Backofen gebacken werden. Den Ofen auf 250 Grad vorheizen, das Backblech einfetten und die Frikadellen auf der mittleren Schiene auf das heiße Blech setzen und ca. 20 Minuten backen, nach 10 Minuten bitte wenden.
- **Mitnehmen:** Die Frikadellen schmecken auch sehr gut kalt, z. B. als Sandwich mit einem Blatt Salat und Senf.

Tomatensoße – pur und mit Sardellen

Es gibt viele Arten, Tomatensoße herzustellen. Unerlässlich ist aber der Zucker, um das Säuerliche der Tomaten auszugleichen, und eine längere Kochzeit. Dadurch entwickeln sich nicht nur die Aromen gut, sondern auch erst der gewünschte Schutzstoff Lycopin. Er kann bestimmte aggressive Stoffe im menschlichen Körper unschädlich machen. Unsere Soße bekommt ihren besonderen Pfiff durch Zimt und Chilischote.

20 Minuten Zubereitung + mindestens 30 Minuten Kochen

1 kg vollreife Tomaten	Die Haut unten kreuzweise einschneiden und mit kochendem Wasser überbrühen. Dann schälen, entkernen und in kleine Stücke schneiden.
1 Zwiebel *1 Knoblauchzehe*	schälen und fein hacken.
1/2 frische rote Chilischote	waschen, aufschneiden, entkernen und sehr fein hacken. Mit den Fingern nicht an Augen, Mund oder Nase kommen. Hände anschließend waschen.
3 EL Olivenöl	in einem Topf erhitzen. Zwiebeln bei mittlerer Hitze glasig braten. Knoblauch und Chilischote beigeben und kurz mitbraten.
1 TL Salz	zusammen mit den Tomatenstückchen zugeben und kurz mitbraten.
1 Prise Kurkuma *1 TL Rohrzucker* *1/4 TL Zimt, gemahlen* *1 Lorbeerblatt*	beigeben und aufkochen. Hitze reduzieren, Deckel schräg auflegen und Soße mindestens 30 Minuten auf kleiner Flamme köcheln lassen. Dadurch verdunstet das Wasser, die Soße dickt ein und wird besonders aromatisch. Gelegentlich umrühren. Mit
schwarzem Pfeffer, frisch gemahlen *Salz*	abschmecken.

Variation

Tomatensoße mit Kapern und Sardellen: 40 g Sardellenfilets klein hacken und mit Knoblauch und Chili kurz braten. Kurz vor Ende der Kochzeit 2 gehäufte EL Essigkapern zur Soße geben. Die säuerlich-bitteren Kapern harmonieren gut mit den kleinen, salzig eingelegten Fischen, die hochwertige Fette enthalten.

Tipp

- Wenn es keine reifen Tomaten gibt, nehmen Sie besser feinstückige Tomaten aus der Dose (400 g). Diese enthalten besonders viel Lycopin, da sie voll ausgereift verarbeitet und schon erhitzt wurden. Dasselbe gilt auch für Tomatenmark. Beides sollte jedoch ohne jegliche Zusatzstoffe sein.

Getreide und Kartoffeln

Ob englisches Haferporridge, österreichischer Maissterz, deutsche Graupensuppe, italienische Pasta aus Hartweizengrieß, japanische Udon-Nudeln aus Buchweizen oder indischer Duftreis – die vielseitigen Verwendungsmöglichkeiten von Getreide machen es – wie die Kartoffeln – zu einem getreuen Begleiter auf unserem Speiseplan.

Eine Weizengrießsuppe am Abend besänftigt den »Geist«, Haferbrei am Morgen gibt Kraft, Polenta beruhigt den Magen und Hirse stärkt unsere Knochen, Haut, Haare und Nägel. Das sind nur einige Beispiele für die vielfältige Wirkung der Getreidesorten. Sie passen sich außerdem problemlos an herzhafte Fleischsoßen oder süße Kompotte an und ergänzen Gemüse- und Hülsenfrüchte. Als Beilage tragen sie dazu bei, dass wir nach einer Mahlzeit nicht nur neue Kraft schöpfen, sondern auch satt und zufrieden sind.

Getreidekörner sind richtige kleine Kraftpakete. Sie gehören in der chinesischen Medizin, ebenso wie Nüsse oder Samen, zur Jing-Nahrung. Diese wird als sehr wertvoll und nährend angesehen, da sie alles enthält, um eine vollständig neue Pflanze hervorzubringen. Allerdings wussten schon unsere Vorfahren, dass das ganze Korn nicht so leicht verdaulich ist. Nicht umsonst sind über die Jahrtausende hinweg in allen Kulturen Getreide geschält, zermahlen, eingeweicht und gebacken oder gekocht worden. Die neuesten Forschungen bestätigen unsere Erfahrung aus der Ernährungsberatung: Viele Vollkornprodukte werden schlecht vertragen. In der Schale sitzen Stoffe, die das Korn vor zu früher »Verdauung« schützen sollen, da es ja erst unter bestimmten Bedingungen, nämlich Feuchtigkeit und Wärme, wachsen soll. Diese Stoffe sind auch für den Menschen unbekömmlich. Rohe Müsliflocken liegen oft »schwer im Magen«. Wenn Sie also Flocken oder Mehl aus Vollkorn verwenden möchten, empfehlen wir das Einweichen über Nacht in lauwarmem Wasser, um es dann erst zu backen oder zu kochen. Auf dieser Erfahrung beruht auch z. B. die Sauerteigführung mit Roggenmehl über viele Stunden, um erst danach köstliches und bekömmliches Roggensauerteigbrot zu backen. Getreide wird auch leichter verdaulich durch die Zugabe von etwas Öl oder Butter, und es schmeckt natürlich besser. Und wenn Sie z. B. nach einem Getreidefrühstück am Morgen sehr bald wieder hungrig sind, fehlt meistens Eiweiß. Dann helfen ein weich gekochtes Ei oder eine Handvoll Nüsse, damit Sie länger satt sind.

Bei Allergien gegen das Klebereiweiß (Gluten) in den klassischen Getreidesorten wie Roggen, Weizen, Gerste, Dinkel, Grünkern (unreif geernteter und gedarrter Dinkel), Emmer (eine alte Weizensorte) stehen als Alternativen Reis, Hirse, Amaranth, Quinoa, Buchweizen und Maisgrieß zur Verfügung. Kamut, der Vorfahre unseres Hartweizens, wird von Allergikern oft gut vertragen, allerdings nicht von Menschen mit Zöliakie.

Kartoffeln, die eigentlich zum Gemüse zählen, haben wir wegen ihrer vielseitigen Verwendung, auch als typische Beilage, in dieses Kapitel aufgenommen. In Mitteleuropa gehören sie seit Jahrhunderten zu den Hauptnahrungsmitteln. Sie sättigen, stärken unsere Mitte, regulieren die Verdauung und lindern Entzündungen im Verdauungstrakt. Gerade mit Ei oder einer kleinen Menge Milchprodukt kombiniert sind Kartoffeln ein hochwertiges Essen. Ein Beispiel dafür sind die einfachen und beliebten Gerichte wie »Kartoffelpüree« oder »Kartoffeln mit Ei«. Auch hier kann man wieder auf alte, bewährte Rezepte vertrauen.

Hirse in Grün

20 Minuten

Hirse ist ein traditionelles europäisches Getreide. Es stärkt Knochen und Zähne, pflegt Haut, Nägel und Haare, erfrischt bei Hitzewallungen. Hirse-Kügelchen sind schnell gekocht und sehr bekömmlich.
Wir mögen besonders diese die Augen anregende Kombination mit Mangold oder Spinat. Natürlich schmeckt Hirse auch pur als Beilage sehr gut.

150 g Hirse	in einem Sieb mit heißem Wasser abspülen, bis die Flüssigkeit klar ist. In einen Topf geben.
350 ml heißes Wasser	dazugeben. Aufkochen, zudecken und bei geringer Hitze 20 Minuten ausquellen lassen.
ca. 300 g Mangold oder Spinat, geputzt ca. 150 g Gemüse	Mangold: Stängel abschneiden, nur Blattgrün verwenden. Spinat: Waschen und grobe Stängel entfernen. Spinat- oder Mangoldblätter grob zerschneiden und nass in einen Topf geben. Erhitzen, bis die Blätter zusammenfallen. Mangold oder Spinat mit gekochter Hirse vermengen.
2 EL Butter oder Olivenöl	untermischen. Mit
Muskat, frisch gerieben	
1 TL Salz	abschmecken.

Tipps

- Hirse portionsweise in eine mit Wasser ausgespülte Tasse einfüllen und auf Teller stürzen.
- Abgeschnittene Mangoldstängel für Gemüsesuppe verwenden oder einfach klein geschnitten dünsten und mit Butter, Muskat, Salz und Petersilie würzen.

Variationen

Hirse pur: Gemüse weglassen und nur ein paar Butterflocken oder 1 EL Öl, gut ist Nussöl, untermischen. Nach Geschmack geröstete Nüsse, frische Kräuter oder Rucola darübergeben.

Laubfrösche: Hirse pur herstellen, große Mangold- oder Spinatblätter kurz in heißem Wasser blanchieren, 1 EL Hirse auf ein Blatt geben und zu einem Päckchen falten. Laubfrösche in einer Pfanne in etwas Butter schwenken, mit Muskat und Salz würzen. Sie kommen besonders gut bei Kindern an.

Passt zu

Frikadellen (Rezepte S. 64, 85, 109), pochiertem Rindfleisch (Rezept S. 91), Tomatensoße (Rezept S. 65), Fisch – Trilogie aus dem Ofen (Rezept S. 96/97), mariniertem Lamm (Rezept S. 93), gebratenem Tofu (Rezept S. 107)

Reisvariationen –
Genuss und Medizin zugleich

25 Minuten

Ergänzt durch kleine Beigaben, eignet sich Reis hervorragend, um verschiedene Wirkungen auf unseren Organismus zu erzielen. Außerdem schmeckt Reis dadurch immer wieder anders. Daher haben wir einige Kombinationen zusammengestellt, die uns besonders gut schmecken.
Da wir häufig hören, Reiskochen sei schwierig, hier unsere Methode, mit der Sie auch ohne Rückgriff auf Kochbeutel- oder Parboiled-Reis immer köstlichen, körnigen und lockeren Reis kochen. Wir verwenden für diese Rezepte weißen Langkornreis, am liebsten Basmati-Reis aus Indien. Vollkornreis ist erfahrungsgemäß relativ schwer verdaulich, es sei denn, er wird so lange gekocht wie im Reiscongee (Rezept S. 74). Am besten kocht sich der Reis in einem schweren Topf mit einem dicken Boden, der die Wärme lange speichert. Dann kann der Reis gut ausquellen, ohne dass er anbrennt. Das geht sehr gut im 80 Grad warmen Backofen. Teller gleich zum Wärmen dazustellen.

200 g Langkorn- oder Basmati-Reis in einen Topf schütten. Wasser zugießen und mit der Hand umrühren, um ihn gründlich zu waschen. Trübes Wasser abschütten und so oft wiederholen, bis das Wasser klar bleibt.

450 ml Wasser
1 TL Salz zum Reis geben, aufwallen lassen und einmal umrühren. Hitze auf niedrigste Stufe reduzieren und Deckel schräg auflegen.
Sobald das Wasser bis zur Reisoberfläche eingekocht ist, Herdplatte ganz abschalten und den Reis mit geschlossenem Deckel 20 Minuten ausquellen lassen.
Während dieser Zeit den Deckel nicht hochheben und nicht umrühren, sonst gehen mit dem entweichenden Dampf die notwendige Feuchtigkeit und Hitze zum Ausquellen des Reis verloren. Es bilden sich außerdem zwischen den Reiskörnern feine Kanälchen zum Entweichen des Dampfes, die durch das Rühren zerstört würden.
Reis mit einem Stich Butter oder 1 EL Öl mischen.

Passt zu

Frikadellen (Rezepte S. 64, 85, 109), Fisch – Trilogie aus dem Ofen (Rezept S. 96/97), gebratenem Tofu (Rezept S. 107), Gemüse – schnell und lecker (Rezept S. 46), Karotten mit Ingwer, Rosinen und Cashewkernen (Rezept S. 43), grünen Bohnen mit Tomaten und Schafkäse (Rezept S. 56), Kichererbsen-Thunfisch-Salat (Rezept S. 105), Kichererbsencurry (Rezept S. 104), Hähnchenkeulen in Sake (Rezept S. 86), Lamm-Gemüse-Topf (Rezept S. 87)

Tipps

- 200 g Reis reichen für 4 Personen als Beilage. Wenn Sie mehr oder weniger kochen wollen, hier das Mischungsverhältnis: Auf 1 Einheit Reis kommen 2 Einheiten Wasser.

- Ein wunderbar blumiges Aroma haben auch thailändischer Duftreis oder Jasminreis.
- Das Kochwasser mit Suppenwürzen (Rezepte S. 136/137) würzen oder Reis in fertigen Brühen (Rezepte S. 23/24/26) kochen.
- **Vorkochen:** Doppelte Menge kochen. Reis hält sich ohne Probleme 2 bis 3 Tage im Kühlschrank. Als Einlage für Suppen, für Aufläufe oder für Reissalat verwenden. Zum Aufwärmen der Reste etwas Wasser dazugeben und aufdämpfen oder in etwas Fett braten.

Variationen mit Gewürzen und Kräutern

- 2 Scheiben frischen Ingwer mitkochen – wärmt, bewegt das Qi und wirkt antibakteriell.

- 2 Kapseln Kardamom anknacken und mitkochen – hilft verdauen und löst Nahrungsstagnationen.
- 1 TL Kurkuma ins Kochwasser geben – färbt den Reis schön gelb und entstaut die Gallenblase.
- 1/4 TL zerstoßene Safranfäden in etwas kochendem Wasser unter Rühren auflösen, mit 1 EL Butter unter den gekochten Reis mischen – erhellt die Stimmung und löst Stau.
- Gehacktes Koriandergrün und abgeriebene Zitronenschale unter den fertigen Reis mischen – ist gut für die Verdauung und die Säfteverteilung.
- Frische Sprossen und Keimlinge vor dem Servieren unterheben – entstauen und erfrischen.
- 1 Stück Wakame-Alge oder 1 TL klein gehackte Hijiki-Alge mitkochen oder Algenflocken (Rezept S. 135) oder zerbröselte Nori-Blätter vor dem Servieren nach Geschmack über den Reis geben – ergänzt unsere Mineralstoffe, kühlt, beruhigt und entstaut.

Variationen mit Nüssen, Samen und Früchten

- 2 EL Gomasio (Sesamsalz) vor dem Servieren über den Reis streuen – stärkt unsere Substanz, unsere Knochen. Wer es gerne scharf mag und verträgt, fügt noch eine Prise Cayennepfeffer hinzu.
- 2 EL grob gehackte Walnüsse im Reis mitkochen – stärkt unsere Nierenkraft, unsere grauen Zellen und ist vor allem im Winter gut, um unseren Körper zu wärmen.
- 2 EL gestiftelte Mandeln und 4 in Streifen geschnittene, getrocknete Aprikosen in etwas Butter anschwitzen, Reis und Wasser dazugeben und kochen – bei trockener Haut und ein hervorragendes Mittel bei zu festem Stuhl.
- 2 EL Berberitzen in etwas Butter anschwitzen und unter den fertigen Reis mischen: erfrischender, leicht säuerlicher Geschmack, gut vor allem an heißen Sommertagen, da sie unsere Körpersäfte bewahren und regenerieren. Das Rezept stammt aus der persischen Küche. Berberitzen gibt es in Gewürzläden.
- 2 EL Kokosflocken, in Butter angeschwitzt, untermischen.

Kürbisrisotto

40 Minuten

Damit Risotto seine typische cremige und himmlische Konsistenz entwickeln kann, muss er unter ständigem Rühren gar gekocht werden und dann sofort frisch serviert werden. Das kostet etwas Zeit. Aber die Mühe lohnt sich. Ihre Gäste werden begeistert sein.

ca. 1 1/2 Liter Fleisch- oder Gemüsebrühe	zum Sieden bringen und zum ständigen Aufgießen heiß halten.
1 Bund Rucola	waschen, trocken tupfen und grob zerpflücken.
500 g Hokkaido-Kürbis	waschen und grob raspeln.
1 große Zwiebel	fein hacken.
2 EL Butter	in einem größeren Topf schmelzen. Zwiebel zugeben und goldgelb andämpfen, aber nicht bräunen.
400 g Reis (Arborio oder Vialone)	zugeben und rühren, bis alle Reiskörner mit Fett überzogen sind. Ca. 1 Tasse Brühe zum Reis gießen, rühren und warten, bis die Flüssigkeit fast ganz aufgesogen ist. Dann Tasse für Tasse die restliche heiße Brühe unter weiterem Rühren dazugießen. So lange wiederholen, bis der Reis weich, aber noch bissfest und recht feucht und suppig ist. Bei Bedarf noch mehr Brühe angießen. Das dauert etwa 20 Minuten. 10 Minuten nach Beginn des Brüheangießens den geraspelten Kürbis unterheben
1 EL Butter	unterrühren. Vorbereiteten Rucola unterheben. Mit
weißem Pfeffer, frisch gemahlen	
Salz	abschmecken, dann sofort servieren.

Passt zu

geröstetem Hackfleisch (Rezept S. 85), pochiertem Rinderfilet oder Huhn (Rezept S. 91), Frikadellen (Rezepte S. 64, 85, 109), Steinpilzschnitzeln (Rezept S. 62), Wildkräuter-Sprossen-Salat (Rezept S. 58)

Variationen

Risotto wie oben herstellen, aber ohne Kürbis und Rucola. Stattdessen können Sie mit folgenden Zutaten arbeiten:

Safranrisotto: 1 TL Safranfäden im Mörser zerreiben und in 3 EL Brühe ziehen lassen. Safran mit der letzten Portion Brühe zum Reis geben. Mit schwarzem Pfeffer und gehackter Petersilie servieren.

Fenchelrisotto: 1 kleine Fenchelknolle (ca. 200 g) waschen, Fenchelgrün abschneiden und beiseite legen. Knolle halbieren, Strunk entfernen, Fenchel in feine Streifen schneiden. 1 Knoblauchzehe fein hacken. 1 TL Fenchelsaat im Mörser zerreiben. Knoblauch und Fenchelsaat mit der Zwiebel andünsten. Wenn der Reis »eingefettet« ist, Fenchel dazugeben und Brühe angießen. Fenchelgrün mit der Schere klein schneiden und vor dem Servieren über das Risotto streuen. Hierzu schmeckt besonders lecker: pochiertes Huhn (Rezept S. 91).

Pilzrisotto: 200 g frische Pilze putzen und grob zerkleinern. In Butter anbraten, mit weißem Pfeffer, Salz und etwas Zitronensaft abschmecken und mit gehackter Petersilie vermischen. Pilze auf Risotto »pur« anrichten.

Tipps

- Arborio und Vialone sind die typischen Reissorten für Risotto.
- Entscheidend für den Geschmack eines Risottos ist neben dem richtigen Reis die beigefügte Brühe. Je besser sie ist, desto delikater das Risotto. Daher lohnt es sich, selber Brühe herzustellen (Rezepte S. 23/24/26). Machen Sie den Vergleichstest: Sie werden das Risotto gar nicht mehr anders essen wollen. Sollte für frische Brühe keine Zeit sein, sind unsere Suppenwürzen ein guter Ersatz (Rezept S. 136/137).
- Die mit Fett überzogenen Reiskörner mit 150 ml trockenem Weißwein ablöschen und ihn vollständig einkochen, dann erst Brühe angießen.
- **Vorkochen:** Doppelte Menge Risotto kochen und am nächsten Tag Risotto-Kroketten machen: 1 Tasse Mehl, 2 verrührte Eier und 1 Tasse Semmelbrösel in einzelne tiefe Teller geben. Aus je 2 EL Risotto Kroketten formen. Sie sollten nicht zu dick sein, damit sie gleichzeitig außen braun und innen warm werden. Erst in Mehl, dann in Eiermischung und Semmelbröseln wenden. Danach in reichlich Öl in der Bratpfanne goldbraun braten und auf Küchenpapier abtropfen lassen. Mit verschiedenen Blattsalaten servieren.

Reiscongee: Nivea für den Magen

5 Minuten + 3–4 Stunden Kochzeit

»Die Reissuppe schenkt zehn Dinge: Leben und Schönheit, Leichtigkeit und Kraft, sie vertreibt Hunger, Durst und Wind, sie reinigt die Blase und die Niere und fördert die Verdauung.« (Buddha)
Reiscongee oder Reissuppe ist sicherlich nicht das spannendste Geschmackserlebnis, jedoch ausgesprochen wohltuend. Wir setzen es gerne als Heilmittel bei jeder Form von Magen- und Verdauungsschwäche ein oder in der Rekonvaleszenz. Wir empfehlen es auch als Frühstück, am besten mit Gemüse kombiniert. Von Brei bis Suppe – die Konsistenz des Congee ist Geschmackssache. Im Gegensatz zu unseren anderen Reisrezepten verwenden wir hier Vollkornreis, da durch die lange Kochzeit der Reis aufgebrochen und sehr bekömmlich wird. Congee als Medizin – dazu Ingwer, Kardamom oder Algen mitkochen (Wirkungen siehe Reisvariationen).

1/2 Tasse Langkorn-Vollkornreis
1/2 Tasse Rundkorn-Vollkornreis
1 Prise Salz
5 Tassen Wasser (fester Brei)
bis 10 Tassen Wasser (Reissuppe) in einen großen Topf mit fest schließendem Deckel geben, da der Reis stark aufquillt. Kurz aufkochen und bei kleinster Flamme 3–4 Stunden lang auf dem Herd köcheln lassen oder im Backofen bei ca. 80 Grad. Nicht umrühren.

etwas Butter oder Öl vor dem Servieren unterrühren.

Variationen

Herzhaftes Reiscongee: Am Schluss mit Salz oder Tamari würzen. Wahlweise auch Gemüse wie z. B. Karotte oder Fenchel geraspelt eine Stunde vor Ende der Kochzeit zum Reis geben. Vor dem Servieren mit frischen Kräutern bestreuen oder ein weiches Ei dazugeben.

Süßes Reiscongee: Am Schluss mit gemahlenem Zimt, Vanille oder Kardamom würzen und eventuell 1 EL süße Sahne darübergeben. Rohrzucker oder Honig unterrühren. Obst, wie Äpfel, Birnen, Pflaumen, eine Stunde vor Ende der Kochzeit zum Reis geben. Beeren nur zum fertigen Brei hinzufügen.

Tipp

- Das Congee kann für 3–4 Tage vorgekocht werden.

Passt zu

Linsenmus (Rezept S. 103), Kompott (Rezept S. 122/123), Gemüse – schnell und lecker (Rezept S. 46)

Couscous – pur und mit Gemüse

10 Minuten

Couscous ist das traditionelle Getreidegericht Nordafrikas. Es wird aus dem Grieß des Durumweizens gemacht, aus dem auch »richtige« Spaghetti bestehen. Weizen wirkt allgemein sehr erfrischend und beruhigend. Daher ist er besonders bei trockenem heißem Klima oder abends ein ideales Nahrungsmittel.
Die traditionelle Zubereitungsart ist ziemlich langwierig. Inzwischen gibt es aber überall vorgekochten und wieder getrockneten Couscous auch in Bio-Qualität. Er schmeckt hervorragend und ist blitzschnell zubereitet – ein »Fastfood«-Produkt auf hohem Niveau. Die rote Chilischote gibt dem Gericht nicht nur einen schönen farblichen Akzent, sondern auch den besonderen Geschmacks-Pfiff.

250 ml Wasser	in einem Topf zum Kochen bringen.
200 g vorgedämpften Couscous	einrühren. Topf vom Herd nehmen.
1 Prise Kurkuma	
3 EL Olivenöl	beigeben und umrühren. Deckel auflegen und 10 Minuten ausquellen lassen. Danach mit einer Gabel krümelig rühren und auflockern. In der Zwischenzeit
1 kleine frische rote Chilischote	waschen, aufschneiden, entkernen und sehr fein hacken. Mit den Fingern nicht an Augen, Mund oder Nase kommen. Hände anschließend waschen.
schwarzen Pfeffer, frisch gemahlen	
1/2 TL Salz	zugeben und alles abschmecken.
1 Bund glatte Petersilie	waschen, trocken tupfen und fein hacken.
1 Zitrone	auspressen.
	Alle Zutaten zum Couscous geben und mischen.

Variationen

Couscous mit Gemüse (ca. 400 g): Couscous pur ohne Petersilie zubereiten, jeweils mischen mit:

- dünnen Scheiben vorgekochter Karotten, 2 EL in Wasser eingeweichten Rosinen, 2 EL gehackten Haselnüssen, 1/2 Bund Frühlingszwiebeln in feinen Ringen;
- klein geschnittenen, gedünsteten Zucchini und Auberginen, gemischt mit 1 EL Olivenöl, 1/2 TL Salz, 4 EL gerösteten Pinienkernen, 1 Handvoll gehacktem Basilikum;
- entkernten, in kleine Stücke geschnittenen Tomaten und 1 Bund gehackter Petersilie.

Tipps

- Statt Petersilie 1/2 Bund Koriandergrün nehmen.
- Schmeckt auch kalt gut.
- **Mitnehmen:** Ergänzen mit Frikadellen (Rezepte S. 64, 85, 109), Joghurt-Minz-Soße (Rezept S. 117).

Passt zu

Lamm-Gemüse-Topf (Rezept S. 87), geröstetem Hackfleisch (Rezept S. 85), Frikadellen (Rezepte S. 64, 85, 109), Gemüsegerichten, Karotten mit Ingwer, Rosinen und Cashewkernen (Rezept S. 43)

Polenta mit Salbeibutter

50 Minuten

Die Grundlage für Polenta ist gemahlener Maisgrieß. Maiskörner sind schwer verdaulich. In Form von Grieß und lange gekocht wirkt Mais aber beruhigend und stärkend für den Magen.
Maisgrieß gibt es in verschiedenen Feinheitsstufen. Je gröber der Grieß, desto länger die Garzeit. Kochen Sie lieber gleich die doppelte Menge und servieren Sie die Polenta am nächsten Tag als Frühstück oder als Polentaschnitten.

1 1/4 Liter Wasser	
2 TL Salz	in einem hohen Topf zum Kochen bringen.
250 g feinen Maisgrieß	unter Rühren einlaufen lassen. Dabei Hitze sofort auf kleinste Stufe reduzieren, da der Brei Ihnen sonst entgegenspritzt. Achtung: Verbrennungsgefahr! Die Polenta ohne Deckel mindestens 45 Minuten, besser aber länger kochen. Häufig umrühren, damit sie nicht anbrennt. Wird die Polenta zu fest, geben Sie etwas kochendes Wasser hinzu. Mit
Muskatnuss, frisch gerieben	
Salz	
1 Spritzer Zitronensaft	
1 Prise edelsüßem Paprikapulver	abschmecken.
2 EL Butter	auf kleiner Flamme schmelzen, nicht bräunen.
1 Handvoll frische Salbeiblätter	grob schneiden und in der Butter kurz schwenken. Vorsicht, die Blätter werden schnell schwarz!
	Polenta auf Teller verteilen und die Salbeibutter darübergießen.

Variationen

Polentaschnitten: Gekochten Brei auf ein gut gefettetes Backblech ca. 2 cm dick ausstreichen und auskühlen lassen. Mit Öl bepinseln und im 220 Grad heißen Backofen goldgelb backen. Eventuell unter den Grill schieben. Oder fest gewordene Polenta in Schnitten schneiden und in der Pfanne goldgelb braten.

Süße Polenta: In das Wasser nur 1 Prise Salz geben und statt der angegebenen Gewürze eine aufgeknackte Kardamomkapsel mitkochen. Zum Schluss 4 EL süße Sahne und Rosinen und/oder gehackte Nüsse unter die Polenta mischen und mit Rohrzucker, Vanille und/oder Zimt würzen. Dazu Kompott (Rezept S. 122/123) essen oder einfach nur etwas Ahornsirup darübergeben. Als Frühstück oder Abendessen geeignet. Kann man auch als Schnitten backen.

Tipps

- Es gibt auch Instant-Polenta, wenn es wirklich mal schnell gehen muss.
- Statt Salbeibutter am Schluss 2 EL Butter oder Olivenöl und 1/2 Bund gehackte Petersilie unter die Polenta rühren.
- Reichhaltiger wird die Polenta, wenn Sie sie halb mit Milch, halb mit Wasser kochen oder in Fleisch- oder Gemüsebrühe kochen.

Passt zu

Frikadellen (Rezepte S. 64, 85, 109), Tomatensoße (Rezept S. 65), Lamm-Gemüse-Topf (Rezept S. 87)

Gewürzter Bulgur

Bulgur ist vorgekochter zerkleinerter Weizen. Daher ist er, genau wie Couscous, durch seine kühlende beruhigende Wirkung ein Getreide für heiße Tage und abends. In unserer Variante benutzen wir viele Gewürze, um ihn etwas zu erwärmen – ein heißer Tipp für Kaltfüßler oder kältere Tage.

10 Minuten + 30 Minuten Quellzeit

1 kleine rote Chilischote	waschen, aufschneiden, entkernen und sehr fein hacken. Mit den Fingern nicht an Augen, Mund oder Nase kommen. Hände anschließend waschen.
1 Zwiebel	schälen und in kleine Würfel schneiden.
1 EL frischen Ingwer, gehackt	
4 EL Olivenöl	in einem Topf erhitzen.
1 EL Currypulver, nach Geschmack	zusammen mit Chili, Zwiebel und Ingwer in den Topf geben und bei schwacher Hitze unter ständigem Rühren anrösten, bis die Zwiebel glasig ist.
1 ½ TL Salz	
250 g Bulgur	dazugeben und so lange rühren, bis es von den Gewürzen überzogen ist.
600 ml heißes Wasser	zum Auffüllen. Aufkochen und bei geringer Hitze ca. 30 Minuten ausquellen lassen. Kann auch im Backofen bei 80 Grad geschehen.

Variation

Bulgur mit Gemüse: Mit der Zwiebel klein geschnittenes Gemüse andünsten, z. B. Karotte, Kohlrabi, Stangensellerie, Brokkoli. Bulgur dazugeben und zusammen garen lassen. Mit Petersilie bestreut servieren.

Passt zu

grünen Bohnen mit Tomaten und Schafkäse (Rezept S. 56), Lamm-Gemüse-Topf (Rezept S. 87), Frikadellen (Rezepte S. 64, 85, 109), Joghurt-Minz-Soße (Rezept S. 117), fast allen Gemüsegerichten als Beilage

Grießnockerl

12 Minuten + ca. 10 Minuten Abkühlzeit + 8 Minuten Kochzeit

Grießnockerl sind schnell gemacht und eine sättigende Einlage in Suppen. Anders gewürzt sind sie auch als Süßspeise mit Fruchtpürees oder Kompott einsetzbar. Außerdem schmecken sie sehr gut.
Dieses erprobte Rezept stammt von Gabis Nachbarin Karla aus dem Schneedörfl in Österreich. Die Milch liefern dort ihre Kühe, die tagsüber geduldig auf der Wiese Gräser und Kräuter fressen, um sie umgehend in frische Milch zu verwandeln.

125 ml Milch	
50 g Butter	zusammen aufkochen.
80 g Weizengrieß	langsam einrieseln lassen und dabei mit dem Schneebesen gut unterrühren, bis sich der Brei als Klumpen vom Boden ablöst. Topf von der Herdplatte nehmen und Brei handwarm abkühlen lassen. In der Zwischenzeit
1 Liter Gemüse- oder Fleischbrühe	zum Sieden bringen.
2 Eier	nacheinander langsam in die abgekühlte Grießmasse rühren. Mit
Muskatnuss, frisch gerieben	
1 TL Salz	kräftig abschmecken. Einen Esslöffel in die heiße Brühe tauchen, damit vom Brei Nockerl abstechen, in der Hand etwas formen und in die siedende, nicht kochende Brühe geben, ca. 8 Minuten ziehen lassen. Die Nockerl müssen an die Oberfläche steigen.

Variationen

Markklößchen: Statt Milch Wasser nehmen. Außerdem von 2–3 Rindermarkknochen mit einem spitzen Messer das Mark herauslösen, in einen kleinen Topf geben, schmelzen und das flüssige Fett absieben. Im Rezept statt der Butter verwenden.

Süße Grießklößchen: Statt Muskatnuss und Salz würzen mit 1/4 TL gemahlener Vanille, 2 EL Rohrzucker, 1/4 TL gemahlenem Ingwer oder Kardamom, einer Prise Salz und abgeriebener Zitronenschale. In Wasser ziehen lassen.

Tipps

- Um zu überprüfen, ob der Teig die richtige Konsistenz hat, empfehlen wir Ihnen, zunächst ein Probenockerl zu garen. Falls dieses zu weich ist (was an der Größe der verwendeten Eier liegen kann), noch etwas Grieß untermischen.
- Besonders gut: 2 EL fein gehackte Petersilie am Schluss unter den Teig heben.
- Wenn Sie Weizen nicht vertragen, probieren Sie es mal mit Grieß von Kamut (Urweizen). Dadurch schmecken die Nockerl auch etwas herzhafter.
- Wenn Sie Milch vermeiden müssen, nehmen Sie Wasser statt Milch und etwas mehr Butter.
- **Mitnehmen:** In warmer Brühe essen.

Passen zu

klaren Brühen (Rezept S. 23/24/26), Gemüsesuppe (Rezept S. 28), Tomatensoße (Rezept S. 65)

Süße Variante: Ingwer-Zitrus-Soße (Rezept S. 124), Erdbeer-Rhabarber-Mus (Rezept S. 124), Fruchtsuppe mit Schwänchen (Rezept S. 126)

Kartoffelpüree: Pur oder in Begleitung

25 Minuten

Nicht nur Kinder sind ganz scharf drauf. Auch wir lieben »Kapü« – aber nur frisch gemachtes! Der zeitliche Aufwand ist im Vergleich zum Tütenprodukt natürlich etwas höher, aber das Ergebnis unvergleichlich besser, vor allem wenn man mehlig kochende Kartoffeln dafür nimmt. Die kleine Beigabe von Milch und Butter ergänzt hervorragend die Kartoffel und wird auch von Menschen vertragen, die Milchprodukte nur in kleinen Mengen zu sich nehmen sollten. Sie finden hier unsere beiden Lieblingskombinationen mit Pastinake oder Kürbis. Das Püree schmeckt natürlich auch nur mit Kartoffeln.

1,2 kg mehlig kochende Kartoffeln	schälen und in grobe Stücke schneiden.
200 g Pastinake	schälen und in grobe Stücke schneiden.
oder 200 g Hokkaido-Kürbis	waschen, entkernen und in grobe Stücke schneiden.
2 Lorbeerblätter	
2 TL Salz	zusammen mit dem Gemüse in einen Topf geben, knapp mit Wasser bedecken und in ca. 10 Minuten gar kochen. Wasser abschütten. Lorbeerblätter entfernen. Mit einem Kartoffelstampfer oder einer Gabel zerdrücken.
125 ml Wasser	
125 ml Milch	zusammen erhitzen.
2 EL Butter	zusammen mit der Flüssigkeit hinzufügen und mit dem Schneebesen kräftig verrühren. Mit
Muskatnuss, frisch gerieben	abschmecken.

Variation

Süßkartoffelpüree mit Meerrettich: 1 ½ kg Süßkartoffeln, gekocht und zerstampft, nur mit Olivenöl und frisch geriebenem Meerrettich vermischen.

Tipps

- Trotz seines Namens keinen Pürierstab benutzen! Es sei denn, Sie benötigen Kleister ...
- Püree durch eine Kartoffelpresse drücken, dadurch wird es feiner.
- Wer mag, kann das Püree mit etwas süßer Sahne verfeinern.
- Natürlich können Sie auch Kartoffelpüree pur herstellen und es mit frischen Kräutern wie Koriandergrün, Schnittlauch oder Rucola verfeinern.
- **Zum Bestreuen:** Gomasio (Sesamsalz), geröstete Kürbiskerne oder gehackte Petersilie. Oder probieren Sie mal frittierten Lauch: Lauch schräg in sehr feine Streifen schneiden, in reichlich Öl in der Bratpfanne kross frittieren, auf Küchenpapier entfetten und salzen.

Kartoffelgemüse

40 Minuten

Kartoffelgemüse ist eine unserer Leibspeisen, sobald es die ersten neuen wohlschmeckenden Kartoffeln auf dem Markt gibt. Wir essen es traditionell mit geröstetem Rinderhack und Rote-Bete-Salat. Kartoffelgemüse sättigt, ohne zu belasten, schmeckt herrlich cremig und trotzdem herzhaft pikant, dank Senf und Kapern.

700 g fest kochende Kartoffeln	in der Schale kochen (Dauer ca. 20–30 Minuten). In der Zwischenzeit
1 große Zwiebel	fein hacken.
3 EL Butter, ca. 50 g	in einem größeren Topf bei sanfter Hitze schmelzen, nicht braun werden lassen. Zwiebel dazugeben und glasig dünsten.
2 gehäufte EL Weizen- oder Dinkelmehl	beigeben und mit einem Schneebesen zu einer cremigen Masse verrühren.
1 Lorbeerblatt	hineingeben.
600 ml kaltes Wasser	mit einem Schneebesen unter Rühren dazugießen, damit keine Klumpen entstehen. Unter weiterem Rühren aufkochen, dann Hitze reduzieren. Mit
1 Spritzer Zitronensaft *1/4 TL Kurkuma, gemahlen* *1 Prise Rohrzucker* *1 EL scharfem Senf* *schwarzem Pfeffer, frisch gemahlen* *1 1/2 TL Salz*	würzen und 5 Minuten unter Rühren weiterköcheln. Dann vom Herd nehmen.
2 EL Kapern, in Essig eingelegt	abtropfen und unterrühren. Die gekochten Kartoffeln abschrecken, pellen und in ca. 5 mm dicke Scheiben schneiden. Vorsichtig unter die Soße heben. Bei Bedarf das Ganze noch einmal auf kleiner Flamme erwärmen.
1/2 Bund Petersilie, fein gehackt	vor dem Servieren darüberstreuen.

Passt zu

Fisch – Trilogie aus dem Ofen (Rezept S. 96/97), gebratenem Tofu (Rezept S. 107), Rote-Bete-Carpaccio (Rezept S. 50), Rote-Bete-Salat mit wärmendem Dressing ergänzt mit Meerrettich (Rezept S. 112), Wiener Würstchen und grünem Kopfsalat, pochierten oder hart gekochten Eiern und Feldsalat

Tipps

- Wer Milchprodukte gut verträgt, kann vor dem Servieren einen Schuss Sahne unterrühren.
- Selbst gemachte Brühen anstatt Wasser für die Soße verwenden.
- Curry statt Pfeffer verwenden.
- Zusätzlich zur Petersilie geröstete Sonnenblumenkerne vor dem Essen darüberstreuen.

Kartoffelsalat: solo oder in saisonaler Begleitung

Früher fehlte der Kartoffelsalat auf keinem Partybuffet. Mittlerweile hat er einen schlechten Ruf, weil er oft nicht richtig zubereitet wird. Unser Rezept bringt wieder Genuss und viele Variationen für die Jahreszeiten.

30–40 Minuten + 20 Minuten zum Durchziehen

1 kg fest kochende Kartoffeln in der Schale weich kochen (ca. 20–30 Minuten). Sie sollten auf keinen Fall zerfallen. In der Zwischenzeit

1 Zwiebel fein hacken und in eine große Schüssel geben.

150 ml kochendes Wasser
1/2 TL Rohrzucker im Wasser auflösen. Zwiebeln mit Zuckerwasser übergießen. Dadurch werden die Zwiebeln blanchiert und leichter verdaulich.

2 TL Salz
3 EL Weißweinessig
1/2 TL Bockshornkleesaat, gemahlen zu den Zwiebeln geben.

Kartoffeln schälen und in 5 mm dicke Scheiben schneiden. Noch warm in die Essig-Zwiebel-Brühe geben und vorsichtig mischen.

6 EL Sonnenblumenöl
schwarzen Pfeffer, frisch gemahlen dazugeben und mischen. 20 Minuten durchziehen lassen.

1 Bund Schnittlauch fein hacken und vor dem Servieren darübergeben.

Variationen

Im Frühjahr Kartoffelsalat mit Radieschen und Sprossen: 1 Bund Radieschen fein raspeln. Radieschengrün hacken und zusammen mit scharf schmeckenden Sprossen von Radieschen und Rettich oder Alfalfa-Sprossen untermischen. Sehr gut schmeckt dazu unser selbst gemachtes Steinpilzöl (Rezept S. 55).

Im Sommer Kartoffelsalat mit Salatgurke: 1 Salatgurke (ca. 300 g) fein hobeln, 1 TL Salz untermischen und nach 10 Minuten den Saft auspressen. Ausgepresste Gurken unter den Kartoffelsalat mischen und mit viel Dill bestreut servieren.

Im Herbst Kartoffelsalat mit Fenchel und Walnüssen: 1 Fenchelknolle halbieren und fein hobeln. 3 EL Walnüsse trocken anrösten und hacken. Alles untermischen. Statt Sonnenblumenöl Walnussöl verwenden. Mit gehacktem Fenchelgrün bestreuen.

Im Winter Kartoffelsalat mit grünem Wintersalat: 100 g Feldsalat putzen oder 1/4 Kopf Endiviensalat fein schneiden. Kurz vor dem Servieren untermischen.

Kartoffelsalat mit Eiern und Kapern: 2 hart gekochte, klein geschnittene Eier und 2 EL Kapern untermischen.

Tipp

- Wasser durch kochende Rindfleischbrühe (Rezept S. 24), Brühe aus Fleischextrakt (Rezept S. 137) oder aus Gemüsewürze (Rezept S. 136) ersetzen. Bockshornklee weglassen, vorsichtig mit Salz, Pfeffer und Zucker abschmecken, da die Brühe schon sehr viel Geschmack abgibt.

Fleisch und Fisch

Fleisch ist grundsätzlich ein Saft und Kraft spendendes Lebensmittel. Darüber hinaus haben die verschiedenen Sorten noch spezielle Wirkungsweisen.
Frischer Fisch ist ein wertvolles Mittel zur Unterstützung unserer Nierenenergie.

Die Wirkungsweisen von Fleisch sind sehr unterschiedlich: Huhn dient vor allem dem Blutaufbau, während Rindfleisch kräftigt und damit den Qi-Aufbau unterstützt. Lamm wärmt, wobei es vor allem anregend auf das Herz wirkt. Wild, insbesondere Hirsch, ist vom Temperaturverhalten sehr heiß und bei Kälteempfindungen im Herbst und Winter sehr geeignet. Bei Hitzeempfindungen und Anspannung sollte man die warmen Fleischsorten eher meiden. Kaninchen hilft bei Trockenheit, ebenso wie Schweinefleisch, das »nährt« und empfohlen wird, wenn man zunehmen will.

Früher wurde immer das ganze Tier gegessen. Zum einen konnte man sich Verschwendung nicht leisten, zum anderen wusste man um den Nutzen aller Teile. Im Sinne der chinesischen Medizin hilft Leber der Leber, Niere der Niere, Herz dem Herzen. Wenn Sie gerne Innereien essen, gönnen Sie sich daher ab und zu diesen Genuss. Hier ist aber der Einkauf von Bioware besonders wichtig. Und aus Knochen kochen Sie eine Brühe mit Markklößchen, eine schmackhafte bewährte Medizin bei Osteoporose.

Gerade bei Fleisch spielt die Qualität eine wichtige Rolle, da wir mit minderer Qualität eine Menge an Stoffen zu uns nehmen, die wir nicht gebrauchen können, z. B. Antibiotika und Hormone, die sonst nur ein Arzt verschreiben kann. Also lieber weniger Fleisch essen, aber dafür beste Qualität. Kleine Mengen als regelmäßige Zugabe sind sehr gut, auch für unseren Blutaufbau.

Für die Bekömmlichkeit ist es hilfreich, Hackfleisch oder geschnetzeltes Fleisch zu verarbeiten. Noch bekömmlicher – und schmackhafter – wird Fleisch, wenn es vor dem Braten in verdauungsfördernden Zutaten mariniert oder gebeizt wird. Hierfür ist frischer Ingwer besonders gut. So entstanden Rezepte wie der »Sauerbraten«, der tagelang in einer Essig-Gewürz-Mischung eingelegt wird. Dadurch kann man Fleisch auch länger aufbewahren und es wird schön zart. Wie wirkungsvoll diese Zubereitung ist, zeigt sich, wenn man Fleisch oder Fisch mit Zitrone oder Essig mariniert wie bei Carpaccio. Dadurch gerinnt das Eiweiß und das Gericht wird »kalt gegart«. Hilfreich sind auch die sanften Zubereitungsmethoden wie das kurze Pochieren von Filetscheiben oder das lange Kochen in Brühe, wie bei Tafelspitz.

Frischer Fisch ist ein wertvolles Nahrungsmittel zur Unterstützung unserer Nierenenergie. Meeresfisch wirkt wärmender als Süßwasserfische. Leider werden Fische inzwischen auch in Zuchtbecken unter unschönen Begleitumständen gehalten. Frischen Fisch in guter Qualität zu bekommen, ist daher nicht immer einfach. Bevor Sie Tiefkühlware kaufen, essen Sie ihn seltener oder greifen Sie ruhig mal wieder zu in Salz eingelegten Matjesfilets, in Essig konservierten Bismarckheringen oder zu guten Konserven von Sardellen, Sardinen oder Thunfisch.

Frikadellen – ganz international

Andere Länder, andere Gewürze, andere Fleischsorten – gehacktes Fleisch mit vielen Gewürzen ist eine sehr bekömmliche Art der Fleischzubereitung – und es schmeckt soooo gut! Neben unserer klassisch-deutschen Kombination mit Rinderhack, Thymian und Majoran bieten wir noch eine griechische und marokkanische Variante mit Lammhack an.

15 Minuten
+ 10 Minuten Bratzeit

1 altbackenes Brötchen oder entsprechende Menge altes Brot aus Weizen- oder Dinkelmehl	in kaltem Wasser einweichen.
400 g Rinderhackfleisch *1 Ei*	in eine Schüssel geben.
4–5 Stängel Frühlingszwiebeln	waschen und fein schneiden.
1 TL Thymian, getrocknet *1 TL Majoran, getrocknet* *2 TL frischen Ingwer, gehackt* *2 TL Salz* *1 TL Zitronensaft* *schwarzen Pfeffer, frisch gemahlen* *1 TL edelsüßes Paprikapulver*	zugeben, alles mischen und kräftig abschmecken. Eingeweichtes Brot fest ausdrücken und zerzupfen. Zum Fleisch geben und alles zusammen kräftig durchkneten. Das geht am besten mit den Händen. Den Fleischteig zu 8 flachen Küchlein formen.
4 EL Sonnenblumenöl	in einer Pfanne erhitzen und Frikadellen bei mittlerer Hitze auf beiden Seiten knusprig braten (ca. 10 Minuten).

Variationen

Griechische Frikadellen: Die geformten Frikadellen vor dem Braten mit einem Stückchen Schafkäse füllen. Schmeckt besonders gut mit Lammhackfleisch.

Marokkanische Frikadellen: Gehacktes vom Lamm statt Rind nehmen. Eingeweichtes Brot, Thymian, Majoran, Frühlingszwiebeln und Ingwer weglassen. Stattdessen 1 Bund Pfefferminze fein hacken und Schale einer Zitrone abreiben und hacken. Untermischen.

Geröstetes Hackfleisch: Das Fleisch einfach mit Zwiebelwürfeln, 2 TL Majoran, Pfeffer, Salz, etwas Zitronensaft und 1 Messerspitze Kurkuma in Öl kross und krümelig braten. Schmeckt köstlich zu Kartoffelgemüse (Rezept S. 80).

Tipps

- Statt der Frühlingszwiebeln eine normale Zwiebel verwenden.
- Eingeweichtes Brot weglassen. Es macht die Frikadelle allerdings etwas lockerer und saftiger.
- Hackfleisch von Rind und Schwein mischen. Schwein nährt und »macht rund« und die Frikadellen werden saftiger.
- Fleischteig für Wirsingrouladen (Rezept S. 53) verwenden.

Hähnchenkeulen in Sake

20 Minuten + 1 1/2 Stunden Garzeit

Durch das lange Schmoren dringen die Aromen von Ingwer, Galgant (Thai-Ingwer) und Sake in das Fleisch ein und machen es nicht nur geschmacklich zu einem Hochgenuss, sondern auch sehr bekömmlich und stärken die Abwehr.

50 g Ingwer *50 g Galgant, ersatzweise Ingwer* *3 Knoblauchzehen*	schälen und in feine Scheiben schneiden. Backofen auf 150 Grad vorheizen.
4 EL Sonnenblumenöl	in einem großen Brattopf erhitzen.
4 Hähnchenkeulen	mit der Haut nach oben hineinlegen. Ingwer, Galgant und Knoblauch dazugeben und kurz schmoren.
200 ml Sake (japanischer Reiswein), ersatzweise trockenen Sherry *2 Lorbeerblätter* *1 TL Salz* *Saft einer 1/2 Zitrone*	dazugeben und im offenen Topf so lange köcheln, bis die Flüssigkeit auf die Hälfte reduziert ist.
1/2 TL Kurkuma *1 TL Rohrzucker* *schwarzen Pfeffer, frisch gemahlen* *100 ml Sojasoße* *300 ml Wasser oder selbst gemachte Gemüsebrühe*	dazugeben und aufkochen. Deckel auflegen und geschlossenen Topf in den Backofen schieben. 1 1/2 Stunden schmoren. Hähnchenkeulen aus dem Topf nehmen und beiseite stellen. Soße durch ein feines Sieb gießen. Man kann die Soße dann mit einem Fettabscheider entfetten oder vorsichtig mit einem Löffel das Fett abschöpfen oder man lässt sie erkalten und hebt das Fett dann ab. Vor dem Servieren die Hähnchenkeulen wieder in der Soße erwärmen.

Tipps

- Statt der Keulen ein ganzes Hähnchen in 6–8 Stücke zerlegt schmoren.
- Abgesiebte Reste von der Soße in einem Schraubglas im Kühlschrank aufheben. Hält mindestens 3–4 Wochen.

Dazu passt

Reisvariationen (Rezept S. 70/71), japanische Udon-Nudeln aus Weizen oder Soba-Nudeln aus Buchweizen, Bandnudeln, grüne Blattsalate mit Karotten-Miso-Dip (Rezept S. 115)

Lamm-Gemüse-Topf

20 Minuten + mind. 50 Minuten Schmorzeit

Dies ist ein Gericht, um Wärme und Kraft zu tanken. Die wärmende Wirkung des Lammfleischs kann man im Sommer durch erfrischende Gemüsesorten ausgleichen (siehe Sommervariante).
Wie viele geschmorte Fleischeintöpfe schmeckt das Gericht besonders aromatisch, wenn es aufgewärmt wird. Zu Lamm schmecken besonders gut Couscous oder Bulgur (Rezepte S. 75/77).

1 große Zwiebel	klein hacken.
500 g Lammfleisch aus der Keule (magerer) oder aus der Schulter (durchwachsener)	in 3–4 cm große Würfel schneiden.
4 EL Olivenöl	in einem großen Bräter erhitzen und Fleisch darin anbraten. Zwiebeln dazugeben und mitbraten, bis alles schön braun ist.
2 TL frischen Ingwer, fein gehackt	
2 Knoblauchzehen	schälen und vierteln.
2 Lorbeerblätter	
3 TL Salz	
1/4 Zitrone	waschen und in dünne Scheiben schneiden.
je 1 Zweig frischen Rosmarin und Thymian oder je 1 TL davon getrocknet	nach und nach unter Rühren dazugeben.
400 ml heißes Wasser	
125 ml Rotwein	angießen.
1 EL edelsüßes Paprikapulver	zugeben und alles auf kleiner Flamme zugedeckt 30 Minuten schmoren. In der Zwischenzeit
4 Karotten, ca. 400 g	schälen, in 5 mm dicke Scheiben schneiden und beigeben. Nochmals 20 Minuten schmoren.

Variationen

Sommer-Variation: Fleisch mit 3 Tomaten und ca. 600 g Auberginen und Zucchini schmoren. Rotwein weglassen.

Lammtopf mit Kichererbsen: 200 g selbst gekochte Kichererbsen (aus 100 g Trockenware) oder aus dem Glas mit dem Gemüse zum Fleisch geben. Das macht das Gericht noch gehaltvoller.

Rindfleisch-Gemüse-Salat

20 Minuten + mindestens 15 Minuten Ziehenlassen

Für dieses Gericht greifen wir auf das Rezept unserer Rindfleischbrühe (S. 24) zurück. Wie dort angegeben, kochen wir in der Brühe das Fleisch und das Gemüse mit und haben so die Hauptzutaten für die nächste Mahlzeit schon vorbereitet. Der Salat schmeckt am besten, wenn die noch warmen Zutaten gleich mit dem Dressing vermischt werden und einige Zeit ziehen dürfen. Er schmeckt daher auch prima am nächsten Tag.

500 g gekochtes Rindfleisch	noch warm in dünne Scheiben oder kleine Würfel schneiden. In eine Schüssel geben und mit einer Suppenkelle warmer Brühe übergießen.
500 g vorgekochte Karotten	schräg in Scheiben schneiden. Größere Karotten vorher halbieren.
250 g vorgekochte Sellerieknolle	in kleine Würfel schneiden.
1 Gemüsezwiebel	schälen, halbieren und in feine Ringe hobeln. Gemüse mit dem Fleisch mischen.
Dressing	
2 EL Sonnenblumenöl	
2 EL Kürbiskernöl	
1 TL Agavendicksaft oder Rohrzucker	
schwarzen Pfeffer, frisch gemahlen	
1/2 TL Salz	
3 EL Weißwein- oder Apfelessig	
1/2 TL edelsüßes Paprikapulver	zu einem Dressing anrühren und mit Fleisch und Gemüse mischen.
2 Stangen Frühlingszwiebeln	schräg in feine Streifen schneiden und untermischen. Mindestens 15 Minuten ziehen lassen.

Dazu passt

Pellkartoffeln, Bratkartoffeln, ein kräftiges Roggensauerteigbrot

Variationen

Asiatische Variante: 2 EL Cashewkerne oder Erdnüsse, 1 kleine fein gehackte rote Chilischote und 2 EL fein gehackten frischen Ingwer untermischen. Frühlingszwiebeln weglassen, stattdessen mit frischen Korianderblättchen bestreuen. Dazu passt weißer Basmati-Reis.

Rohkostvariante: Das Fleisch nur mit feinen Scheiben von roher Fenchelknolle vermischen und mit geröstetem zerstoßenem Fenchelsamen würzen. Für das Dressing nur Sonnenblumenöl nehmen. Frühlingszwiebeln weglassen, stattdessen frisches gehacktes Fenchelgrün vor dem Servieren über den Salat geben.

Tipps

- Wir verwenden für den Salat gerne eine mild schmeckende Gemüsezwiebel oder 5 Schalotten. Wer es gerne herzhafter mag: Rote Zwiebeln sind schärfer, wirken intensiver und sehen auch schön aus.
- Das Rezept funktioniert auch mit Hühnerfleisch. Als Kräuter Petersilie oder Estragon verwenden. Dazu passen blanchierte Zuckerschoten.

Wurzelfleisch

über Nacht marinieren + 30 Minuten Zubereitung + 1 Stunde Schmoren

Ein richtiges Sonntagsessen und eine hervorragende Kombination aus bekömmlich mariniertem Fleisch und nährendem süßlichem Wurzelgemüse, die unsere Mitte stärkt. In größeren Mengen gekocht ist es auch ein tolles Essen für Gäste, der Erfolg ist garantiert. Dazu schmecken besonders gut Bandnudeln.

4 Rindsrouladen, ca. 5 mm dick (insgesamt ca. 600 g)	halbieren. Die 8 dünnen Schnitzel von beiden Seiten erst mit
Sonnenblumenöl	einpinseln, dann dünn mit
scharfem Senf	bestreichen und mit
schwarzem Pfeffer, frisch gemahlen	
Salz	würzen. In einem Gefäß mit Deckel im Kühlschrank über Nacht marinieren.
Wurzelwerk, insgesamt ca. 400 g:	
2 Karotten, ca. 150 g	
1/2 Knollensellerie, ca. 150 g	
1 Petersilienwurzel	schälen und fein reiben.
2 große Zwiebeln	
2 Knoblauchzehen	fein hacken.
4 EL Sonnenblumenöl	in einen größeren Bratentopf geben, erhitzen und darin die Rindsschnitzel portionsweise kurz anbraten, herausnehmen und warm stellen. Wurzelwerk, Zwiebeln und Knoblauch in den Topf geben und unter ständigem Rühren 2–3 Minuten schmoren, eventuell noch etwas Öl in den Topf geben.
2 Lorbeerblätter	
3 TL Salz	zusammen mit dem Fleisch dazugeben.
heißes Wasser	aufgießen, sodass alles gut bedeckt ist, und 1 Stunde zugedeckt bei sanfter Hitze schmoren. Ab und zu umrühren, damit nichts anbrennt. Fleisch dann herausnehmen und warm stellen.
100 ml Wasser	
2 EL Sauerrahm	
2 EL Weizenmehl	in einer Tasse glatt rühren, in die köchelnde Flüssigkeit einrühren und die Soße damit binden. 3–4 Minuten köcheln lassen.
3 EL Kapern, in Essiglake eingelegt	abtropfen, hacken und in die Soße geben, Fleisch wieder dazugeben und alles nochmals kurz erwärmen.

Tipps

- Am Schluss 3 fein gehackte saure Gurken in die Soße geben.
- Die Soße schmeckt auch ungebunden sehr lecker.
- Das Wurzelfleisch am Tag vorher zubereiten. Durchgezogen schmeckt es noch besser. Also: Freitag einkaufen und Fleisch einlegen, Samstag kochen und Sonntag essen.

Pochiertes Rinderfilet

15 Minuten

Das Pochieren ist eine sanfte Methode zum Garen von Fleisch in heißer, aber nicht kochender Brühe. Es bleibt dadurch wunderbar saftig und ist wesentlich bekömmlicher als gebratenes – eine Delikatesse, die auch noch sekundenschnell zubereitet ist.

	4 große Teller vorwärmen.
400 g Rinderfilet	in 12 Scheiben schneiden, ca. 5 mm dick. Dabei das Fleischstück gut zusammenhalten, damit die Scheiben beim Schneiden nicht zerfasern.
125 ml heißes Wasser *2 EL Rohrzucker* *4 Scheiben Ingwer, geschält* *3 EL Sake (Reiswein) oder Sherry* *4 EL Sojasoße*	in einem Topf zum Sieden bringen, nicht sprudelnd kochen. Rinderfiletscheiben nur kurz darin eintauchen, ca. 30 Sekunden. Sofort auf vorgewärmte Teller legen und servieren. Immer nur 3 Scheiben auf einmal pochieren, da die Flüssigkeit sonst zu stark abkühlt.

Variation

Pochiertes Huhn: Hühnerbrustfilet quer zur Faser in 1 cm breite Scheiben schneiden und pochieren. Oder Brust im Ganzen in Gemüse- oder Hühnerbrühe in ca. 10–15 Minuten garen. Das Fleisch muss vollständig mit Brühe bedeckt sein.

Tipps

- Noch schneller: Fleisch in einer fertigen Brühe garen. Mit einem Dip aus 2 EL Sojasoße und 1 EL Sake pro Person servieren.
- Die übrig gebliebene Pochierflüssigkeit ist nach dem Garen des Fleisches ein kleines Kraftpaket. Daher mit etwas Wasser aufgefüllt trinken.

Mariniertes Fleisch

15 Minuten + mind. 1 Stunde Zeit zum Marinieren

Marinieren ist eine gute Methode, um ohne großen Aufwand Fleisch sehr schmackhaft auf den Tisch zu bekommen. Das Prinzip ist immer dasselbe: Verdauungsfördernde Zutaten, wie z. B. Sojasoße, Ingwer, Alkohol und Kräuter, machen das Fleisch bekömmlich und zart und jedes weitere Würzen überflüssig. Die marinierten Fleischstücke lassen sich problemlos ein paar Tage im Kühlschrank aufbewahren und sind dann bei Bedarf in wenigen Minuten gegart.

Hier unsere Lieblingsmarinaden für verschiedene Fleischsorten. Der Fantasie sind keine Grenzen gesetzt!

Rindfleisch, geschnetzelt

1 Knoblauchzehe	schälen und fein hacken.
2 EL Sherry, Cognac oder Noilly Prat (»echter« Wermut)	
4 EL Sojasoße	mit dem Knoblauch vermischen.
300 g Rindfleisch, z. B. Hüfte	quer zur Faser in fingerdicke Scheiben und dann in Streifen schneiden. In eine Schüssel geben, mit der Marinade vermischen und mindestens 1 Stunde ziehen lassen, am besten über Nacht.
2 EL Sonnenblumenöl	in einer Pfanne erhitzen und das abgetropfte Rindfleisch darin ca. 3 Minuten braten.

Hühnerbrust, geschnetzelt

1 EL frischen Ingwer, fein gehackt	
2 EL Sake (Reiswein) oder Sherry	
4 EL Sojasoße	
1 TL Zitronensaft	miteinander verrühren.
1 Hühnerbrustfilet, ca. 400 g	davon die beiden Teile trennen. Quer zur Faser in fingerdicke Scheiben und dann in Streifen schneiden. In eine Schüssel geben, mit der Marinade vermischen und mindestens 1 Stunde ziehen lassen, am besten über Nacht.
2 EL Sonnenblumenöl	in einer Pfanne erhitzen und abgetropfte Hühnerbrust darin ca. 3 Minuten braten.

Wildsteaks

1 Zitrone, fein gehackte Schale	
4 Wacholderbeeren, zerdrückt	
3 EL Sonnenblumenöl	
1/4 TL Zimt, gemahlen	
1 Prise Nelkenpulver oder Piment	miteinander verrühren.
600 g Steakfleisch von Reh, Hirsch oder Wildschwein	mit der Marinade vermischen und mindestens 1 Stunde ziehen lassen, am besten über Nacht. Niedriggarmethode anwenden (siehe Tipps).

Lammkotelett oder -filet

1 Zitrone, fein gehackte Schale *2–3 Zweige frischer Rosmarin oder 2 EL getrockneter* *4 EL Olivenöl*	miteinander verrühren.
12 Lammkoteletts oder ca. 600 g Lammfilet (ca. 8–10 Stück)	mit der Marinade vermischen und mindestens 1 Stunde ziehen lassen, am besten über Nacht.
3 EL Olivenöl	in einer Pfanne erhitzen. Marinade vom Fleisch streifen und Koteletts von beiden Seiten je 2–3 Minuten braten. Lammfilet nach der Niedriggarmethode zubereiten (siehe Tipps). Mit
schwarzem Pfeffer, frisch gemahlen *Salz*	würzen und sofort servieren.

Tipps

- **Niedriggarmethode:** Fleisch kurz anbraten, in Alufolie wickeln und im Backofen bei 80 Grad ruhen lassen, für je 1 cm Fleischdicke mindestens 10 Minuten. Längere Ruhezeit schadet nicht. Eignet sich besonders für zartes Fleisch wie Filet oder Brust, auch unmariniert. Das Fleisch wird so auf den Punkt innen rosa gegart und bleibt saftig.
- **Soße herstellen:** Bratensatz mit Wasser und Marinade ablöschen. Soße nach Belieben mit Balsamico-Essig oder zusätzlichen Gewürzen abschmecken, durch ein Sieb geben. Für eine cremige Konsistenz vor dem Servieren mit dem Schneebesen kalte Butterflöckchen unterschlagen – nicht mehr kochen lassen. Das ist bekömmlicher als gekochte Sahne.
- Die geschnetzelten Fleischsorten sind eine ideale Grundlage für Wokgerichte mit Gemüse.

Thunfisch-Carpaccio
mit marinierten Pilzen

45 Minuten Für dieses Rezept verwenden wir die Kaltgarmethode, sowohl für den Fisch als auch die Pilze – siehe Einleitung. Sie brauchen dafür allerdings wirklich frischen Fisch, der noch am gleichen Tag verarbeitet werden sollte. Bitte begehen Sie nicht die inzwischen übliche »Sünde«, den Fisch vor dem Schneiden tiefzugefrieren, um ihn dünn schneiden zu können. Aroma und Bekömmlichkeit leiden sehr darunter. Es geht auch anders – und es lohnt sich!

200 g Champignons	putzen und in sehr feine Scheiben hobeln oder schneiden.
4 EL Sonnenblumenöl	
1/2 TL rote Pfefferbeeren	im Mörser zerstoßen.
1/2 TL Salz	
1 Zitrone	auspressen.
1 Prise edelsüßes Paprikapulver	
2 TL Rohrzucker oder Agavendicksaft	in eine Schüssel geben und zu einer Marinade anrühren. Pilze mit der Marinade mischen und durchziehen lassen, bis sie zusammengeschrumpft sind. In der Zwischenzeit
150 g Feldsalat oder Rucola	putzen und waschen. Auf einer großen Fläche ein ca. 80 cm langes Stück Frischhaltefolie ausbreiten.
300 g frischen Thunfisch am Stück (Sushi-Qualität)	in dünne Scheiben schneiden, mit großem Abstand auf die Folie legen und alles mit Folie abdecken. Fisch vorsichtig flach, breit und mürbe klopfen, z. B. mit einem Plattiereisen, einem schwerem Stieltopf oder einer schweren Bratpfanne mit glattem Boden. Das nennt man Plattieren.
2 EL gehackte Petersilie	mit dem Salat mischen und auf 4 Teller verteilen. Thunfischscheiben vorsichtig von der Folie lösen, auf dem Salat anrichten und mit marinierten Pilzen bedecken.

Variation

Reh-Carpaccio: 300 g Rehfilet plattieren. Mit Steinpilzöl (Rezept S. 55) bestreichen, mit frisch gemahlenem Pfeffer und Salz würzen und mit Zitronensaft beträufeln. Auf Feldsalat anrichten. Herrlich – und geht schneller!

Tipps

- Statt der Pilze hauchdünn geschnittenen Staudensellerie marinieren.
- Steinpilz- oder Trüffelöl verwenden.
- Rinderfilet oder andere Sorten Fleisch verwenden.

Fisch – Trilogie aus dem Ofen

15–20 Minuten + 10–15 Minuten Garzeit

Fisch aus dem Ofen bleibt schön saftig, lässt sich variabel zubereiten und geht schnell. Durch diese Garmethode bleibt das feine Fischaroma besser erhalten als durch Braten. Frischer Meeresfisch ist ein richtiges Festessen und in dieser Form auch unkompliziert für viele Gäste zuzubereiten.
Hier unsere drei Lieblingsrezepte. Kombinationen mit anderen Gemüsesorten und Kräutern überlassen wir Ihrer Fantasie.

Vorbereitung für alle Rezepte

	Backofen auf 220 Grad vorheizen. Rost auf mittlere Schiene setzen. Mit
Butter oder Olivenöl	eine große Auflaufform einfetten.
4 Seefischfilets, ca. 800 g, z. B. Seelachs oder Rotbarsch (für Sandwichs 8 dünne Filets, z. B. Merlan oder Seezunge)	säubern und eventuell noch vorhandene Gräten entfernen.
1/2 Zitrone, Saft und fein gehackte Schale	Schale beiseite stellen. Fisch im Saft wenden und ziehen lassen, bis er in den Ofen kommt. Dann abtropfen lassen. Die Filets mit
weißem Pfeffer, frisch gemahlen *Salz*	beidseitig würzen.

Fisch auf Gemüsebett

2–3 Karotten	schälen und schräg in feine Scheiben schneiden. Große Karotten vorher halbieren.
1 große Stange Lauch	putzen, halbieren und schräg in ca. 5 mm breite Streifen schneiden. Waschen.
2 EL Butter oder Olivenöl	in einer Pfanne erhitzen. Gemüse kurz anschwitzen.
1 Lorbeerblatt *weißen Pfeffer, frisch gemahlen* *1 TL Salz* *1/2 TL Zitronenschale* *100 ml Weißwein oder Wasser* *4 Wacholderbeeren*	dazugeben und durchrühren.
	In die vorbereitete Auflaufform umfüllen und Fischfilets auf das Gemüsebett legen.
Butterflöckchen	auf dem Fisch verteilen und die Form in den Ofen schieben, je nach Dicke der Filets 10–15 Minuten garen.

Fisch unter der Kräuterhaube

8 EL gehackte Petersilie und Koriander, gemischt, oder nur Petersilie
1/2 TL Zitronenschale
1 Prise Kurkuma
4 EL gehäufte Semmelbrösel
2–3 EL Butter, ca. 40 g
1 EL scharfen Senf
oder frisch geriebenen Meerrettich
1 TL Salz

in eine kleine Schüssel geben und miteinander verkneten.
Kräuterpaste in 4 Portionen teilen, mit den Händen oder der flachen Seite eines Messers in Größe der Fische flach drücken. Fischfilets in die vorbereitete Auflaufform legen und Kräuterpaste darauf festdrücken.
Form in den Ofen schieben, je nach Dicke der Filets für 10–15 Minuten. Die Kräuterhaube sollte leicht gebräunt sein. Eventuell zum Schluss kurz den Grill anschalten.

Fisch-Sandwichs mit Olivenpaste

4 Tomaten waschen, achteln und Stielansatz herausschneiden.
4 Stängel Frühlingszwiebeln schräg in feine Ringe schneiden und waschen.
4 Filets in die vorbereitete Auflaufform legen, dünn mit
Olivenpaste (Rezept siehe Tipps) bestreichen und die anderen 4 Filets darüberlegen. Etwas festdrücken und fertig sind die Sandwichs! Tomaten und Frühlingszwiebeln um den Fisch verteilen.
Form in den Ofen schieben und je nach Dicke 15–20 Minuten garen.

Tipps

- Wenn man keine Form hat, Filets mit Gemüse oder Olivenpaste einzeln in Alufolie einpacken und auf ein Backblech setzen oder im Sommer auf den Holzkohlegrill im Garten legen.
- **Olivenpaste:** 4 Stängel Petersilie, 100 g entsteinte schwarze Oliven, 3 EL Olivenöl pürieren und mit Pfeffer, Salz, Zitronensaft abschmecken. Mit Sardellen, Kapern und Knoblauch wird die Paste zu Tapenade.

Hülsenfrüchte und Tofu

Bauen Sie öfter kleine Mengen Hülsenfrüchte in Ihren Speiseplan ein. Mit unseren Rezepten zubereitet schmecken sie fantastisch und sind ideale Eiweißkraftpakete, nicht nur für Vegetarier.
Tofu, der Quark aus Sojabohnen, ist bei guter Zubereitung ein leckerer Fleischersatz.

Als frische Erbsen- oder Bohnenkerne im Sommer sind Hülsenfrüchte eine zarte Versuchung, getrocknet können sie problemlos länger gelagert werden. In Form von Sojaprodukten wie Tofu (Sojabohnenquark) schätzen wir sie als guten Fleischersatz. Ein knackig frisches Geschmackserlebnis liefern Sprossen von Linsen, Soja- und Mungbohnen. Sie sind außerdem prall gefüllt mit Enzymen, Vitaminen und Mineralstoffen.
Durch die asiatische Küche sind Hülsenfrüchte auch als fermentierte Würzmittel wie Tamari, Shoyu oder Miso in unsere Kochtöpfe gewandert und helfen in dieser Form sehr gut bei der Verdauung.

Um die häufig auftretenden unangenehmen Begleiterscheinungen von Hülsenfrüchten nach dem Essen zu verhindern, hier noch ein paar Tipps zur Zubereitung und für eine bessere Bekömmlichkeit:

- Die Hülsenfrüchte sollten nicht viel älter als ein Jahr sein. Sie werden sonst nicht mehr richtig weich.
- Getrocknete Hülsenfrüchte über Nacht einweichen und anschließend mit frischem Wasser kochen – eine Ausnahme sind Linsen, die ohne Einweichen schnell garen.
- Hülsenfrüchte erst nach dem Kochen salzen. Sie werden sonst nicht richtig weich.
- Algen mitkochen (siehe Rezepte). Bei Schilddrüsenüberfunktion keine Algen verwenden!
- Statt der Alge oder zusätzlich ein Lorbeerblatt in den Linsen mitkochen. Eine weitere Alternative ist das gute alte Natron. Davon $^{1}/_{2}$ TL anstatt der Alge mitkochen. Sie bekommen es im Supermarkt oder in der Apotheke.
- In Restaurants werden oft rohe Sojasprossen als Salatbeigabe serviert. Wir empfehlen, Sprossen aus Hülsenfrüchten nicht roh zu verzehren, da sich beim Keimen ein Giftstoff entwickelt, der erst durch Hitze zerstört wird. Daher immer kurz blanchieren, z. B. am Schluss unter heißes Gemüse geben. Nicht blanchieren sollten Sie Sprossen aus Saaten wie Alfalfa, Rettich oder Rucola.
- Sprossen gibt es fertig zu kaufen. Sie lassen sich aber auch das ganze Jahr über zu Hause ziehen. Damit haben Sie die Garantie, dass sie wirklich frisch und damit besonders nährstoffreich sind. Das geht ganz einfach: Hülsenfrüchte über Nacht einweichen, in ein feinmaschiges Sieb geben und zweimal täglich wässern, bis sich die Keimlinge entwickelt haben.
- Kleine Mengen in Kombination mit Getreide kochen, z. B. 2 EL fest kochende Linsen mit Reis. So ergänzen sich die Eiweißanteile von Getreide und Hülsenfrüchten hervorragend. Besonders gut geeignet für Vegetarier!
- Öfter kleine Mengen als Mus essen, z. B. aus Kichererbsen – gibt es auch fertig zubereitet zu kaufen als Hummus, oder probieren Sie unser Mus aus roten Linsen (Rezept S. 103).
- Suppen und Eintöpfe aus Hülsenfrüchten mit viel Kartoffeln und Gemüse ergänzen.
- Tofu marinieren (siehe Rezept S. 107). Das gibt ihm zusätzlich einen herzhaften Geschmack.

Linsengemüse

Ein richtiges Highlight für die Gästebewirtung ist dieses Linsengemüse in Kombination mit gebratenem Fischfilet. Sowohl Linsen als auch Fisch sind eine Stärkung für unsere Nierenenergie, und wenn es dann auch noch so gut schmeckt, was will man mehr?
Für die Alltagsküche eignet sich die klassische schwäbische Kombination mit Spätzle. Wer mag, kann das Ganze noch mit Wiener oder Frankfurter Würstchen ergänzen oder den schwäbischen »Saitewürschtle«.
Das Gemüse lässt sich mit allen fest kochenden Linsensorten zubereiten wie z. B. Berg-, Beluga-, Du-Puy- oder Champagnerlinsen.

15 Minuten
+ 30 Minuten
Kochzeit

250 g fest kochende Linsen	in ein Sieb geben und unter fließendem Wasser waschen.
1 Zwiebel	schälen und fein hacken.
1 Karotte, ca. 100 g	schälen und schräg in ca. 3 mm dicke Scheiben schneiden. Sehr dicke Karotte vorher längs halbieren.
1/8 Sellerieknolle, ca. 100 g	schälen und in kleine Würfel schneiden.
1/2 Stange Lauch, ca. 100 g	längs halbieren, quer in feine Streifen schneiden und waschen.
1/4 TL Kurkuma, gemahlen	
1/2 TL Bockshornkleesaat, gemahlen	
2 EL Sonnenblumenöl	in einem mittelgroßen Topf zusammen mit der Zwiebel im Öl anrösten. Dann Karotte, Sellerie und Lauch ebenfalls dazugeben und etwa 2 Minuten unter Rühren anschwitzen.
1 Lorbeerblatt	
evtl. 10 cm Wakame-Alge	
650 ml Wasser	zusammen mit den Linsen in den Topf geben, aufkochen und auf kleiner Flamme zugedeckt ca. 30 Minuten köcheln, bis die Linsen weich sind.
1/2 Tasse kaltes Wasser	
1 EL Weizenmehl	verrühren, bis keine Klümpchen mehr vorhanden sind. In die kochenden Linsen einrühren und das Gemüse damit binden. Weitere 5 Minuten köcheln, dabei öfter umrühren, damit nichts anbrennt. Das Gericht mit
schwarzem Pfeffer, frisch gemahlen	
1 1/2 TL Salz	
1–2 EL Balsamico-Essig	abschmecken.

Passt zu

mariniertem Fleisch (Rezepte S. 92/93), gebratenem Tofu (Rezept S. 107), Reisvariation mit Safran (Rezept S. 71), gebratenen Polentaschnitten (Rezept S. 76), Spätzle, am besten selbst gemacht ... oder in diesem Ausnahmefall auch als Fertigware, Rucola- oder Feldsalat, gebratenen Fischfilets

Tipp

- Im Frühjahr und Sommer Frühlingszwiebeln statt Lauch verwenden.
- Andere Essigsorten verwenden.

Warmer Linsensalat

30 Minuten

Der Salat schmeckt am besten, wenn er noch lauwarm serviert wird. Das rohe Gemüse wird leicht gegart durch das Vermischen mit den heißen Linsen und dadurch wiederum bekömmlicher. Daher sollten Sie sich die Mühe machen, es wirklich fein zu raspeln und zu schneiden.

250 g fest kochende Linsen, z. B. schwarze Beluga-Linsen in einem Haarsieb unter fließend kaltem Wasser waschen.

650 ml kaltes Wasser
evtl. 10 cm Wakame-Alge
1 Lorbeerblatt zusammen mit den Linsen aufkochen, abschäumen und in ca. 20 Minuten weich köcheln. Die Linsen sollten nicht zerfallen. Restflüssigkeit abgießen. In der Zwischenzeit

1 große Karotte, ca. 100 g schälen und fein raspeln.

4 Stangen Frühlingszwiebeln sehr fein in schräge Ringe schneiden und waschen.

Dressing

4 EL Balsamico-Essig
1 Prise edelsüßes Paprikapulver
3 EL Sonnenblumenöl
3 EL Walnussöl
1 Prise Rohrzucker
schwarzen Pfeffer, frisch gemahlen
1/2 TL Salz der Reihe nach verquirlen. Dressing und Gemüse unter die heißen Linsen mischen und etwas durchziehen lassen. In der Zwischenzeit

150 g Rucola waschen. Auf vier große Teller verteilen und die Linsen darauf anrichten.

Passt zu

marinierter Hühnerbrust (Rezept S. 92), gebratenem Tofu (Rezept S. 107), Reisvariation mit Kardamom (Rezept S. 71)

Geschmorten Pilzen: 200 g frische Champignons putzen und fein schneiden. In Butter oder Öl anbraten, mit weißem Pfeffer, Salz und etwas Zitronensaft abschmecken und mit gehackter Petersilie vermischen. Auf die Linsen geben.

Tipps

- Statt Rucola können Sie Chicorée- oder Radicchioblätter nehmen.
- Der Salat eignet sich gut für ein Buffet.
- **Mitnehmen:** Nach Belieben ergänzen Sie den warmen Linsensalat mit Schafkäse, Thunfisch, Räucherlachs, kaltem gebratenem mariniertem Fleisch, gekochtem Reis, etwas Blattsalat.

Linsenmus

Ein leckerer Brotaufstrich, der sich problemlos ein paar Tage im Kühlschrank aufbewahren lässt. Das Mus schmeckt aber auch in Kombinationen mit vielen anderen Gerichten. Es wird aus den schnell kochenden roten Linsen hergestellt, die nicht eingeweicht werden müssen. Wir empfehlen ein bis zwei Esslöffel Mus als tägliche kleine Beigabe zum Essen. Das sichert die Grundversorgung mit hochwertigem Eiweiß und Mineralien. Wichtig vor allem für Vegetarier!

10 Minuten
+ 20 Minuten Kochzeit

1 EL frischen Ingwer, fein gehackt	
125 g rote oder gelbe Linsen	waschen, bis das Wasser klar ist.
1 Lorbeerblatt	
300 ml Wasser	
evtl. 10 cm Wakame-Alge	zusammen mit dem Ingwer und den Linsen zum Kochen bringen. Hitze reduzieren und zugedeckt in ca. 15–20 Minuten weich köcheln. Algenteile entfernen. Das Mus mit
1/2 TL Salz	
1/2 Zitrone, Saft	
1 Prise edelsüßem Paprikapulver	
schwarzem Pfeffer, frisch gemahlen	abschmecken. Abkühlen lassen.
2–3 EL Olivenöl	mit einer Gabel unterrühren, bis eine cremige Masse entsteht. Wer es ganz fein mag, kann das Mus auch noch mit dem Pürierstab bearbeiten.
1/2 Bund Petersilie oder Koriandergrün	waschen, trocken tupfen und fein hacken. Vor dem Servieren unter das Mus mischen.

Passt zu

Reisvariationen (Rezept S. 70/71), Bulgur mit Gemüse (Rezept S. 77), Couscous (Rezept S. 75), frischem Baguette, Fladenbrot oder noch besser einem toskanischen Landbrot vom Italiener

Geschmorten Kirschtomaten: halbieren, mit fein geschnittenen Frühlingszwiebeln kurz in heißem Olivenöl schwenken, mit frischem Pfeffer, Salz und Zitronensaft würzen.

Tipps

- Probieren Sie statt der Zitrone verschiedene mild-süße Essigsorten aus. Dadurch ergeben sich ganz neue Geschmacksnoten.
- Linsenmus ist ein gutes herzhaftes Frühstück. Ergänzen Sie es mit Reis, frischen Kräutern oder Sprossen von Rettich, Radieschen, Alfalfa. Es macht satt und gibt Kraft für den bevorstehenden Tag.

Kichererbsen-Curry

45 Minuten In diesem Eintopf, einem Rezept unserer Freundin Anugata, bilden Süß und Scharf ein köstliches Gleichgewicht. Die Schärfe von Curry, Lauch und Ingwer wird durch süße Kokosmilch, Gemüse und Rosinen abgemildert. Kichererbsen und Nüsse machen das Gericht gehaltvoll durch ihren Nährstoffreichtum. Das Koriandergrün gibt dem Ganzen die frische Note und hilft verdauen.

evtl. 10 cm Wakame-Alge	einweichen.
2 Karotten, ca. 200 g	schälen und in dünne Scheiben schneiden.
1 Fenchelknolle, ca. 200 g	halbieren, Strunk entfernen und Knolle in feine Streifen schneiden.
2–3 Kartoffeln, ca. 200 g	schälen und in Würfel schneiden.
1 Stange Lauch	in Ringe schneiden und gründlich waschen.
1 EL frischen Ingwer, fein gehackt	
4 EL helles Sesamöl, ersatzweise Sonnenblumenöl	in einem größeren Topf erhitzen.
2 EL Currypulver	dazugeben und kurz aufschäumen lassen.
	Lauch und Ingwer leicht andünsten. Alge (ohne Wasser) beigeben.
200 g vorgekochte Kichererbsen (Abtropfgewicht)	
1 Spritzer Zitronensaft	
1 Prise Kurkuma	
4 EL Rosinen	
400 ml Kokosmilch, ungesüßt	zusammen mit den Karotten, Kartoffeln und dem Fenchel hinzufügen. 10–15 Minuten garen, bis das Gemüse weich ist. In der Zwischenzeit
3 EL Cashewkerne	in einer Pfanne ohne Fett leicht anrösten und zum Gemüse geben.
schwarzer Pfeffer, frisch gemahlen	
Sojasoße	um das Curry abzuschmecken.
1/2 Bund Koriandergrün	fein hacken und vor dem Servieren darüberstreuen.

Tipps

- Brokkoli- oder Blumenkohlröschen mitkochen.
- Anstatt Koriandergrün Kresse nehmen oder Sojasprossen unter das heiße Gericht heben.
- Sehr lecker schmecken dazu: gebratener Tofu (Rezept S. 107) oder marinierte Hühnerbrust (Rezept S. 92) und natürlich Basmatireis.

Kichererbsen-Thunfisch-Salat

Ein erfrischender Salat, den wir vor allem an heißen Sommertagen mögen, wenn wir nicht gerne am warmen Herd stehen. Er schmeckt aber auch an kühleren Tagen mit einer Suppe vorweg oder ergänzt mit einer Portion Reis. In jedem Fall stärkt die Kombination von Hülsenfrüchten und Fisch unsere Nierenenergie und das Gericht macht gut satt.

20 Minuten + 10 Minuten Ziehenlassen

1 Handvoll glatte Petersilie	waschen, trocken tupfen und fein hacken.
1 Zitrone	waschen. Von einer Hälfte Schale abreiben und fein hacken. Dann Frucht ganz schälen, weiße Haut entfernen und Fruchtfleisch in kleine Stücke schneiden. Saft auffangen und später zum Dressing geben.
450 g vorgekochte Kichererbsen (Abtropfgewicht)	abtropfen.
2 Handvoll frische Pfefferminze	waschen, trocken tupfen und fein hacken.
100 g Thunfisch im eigenen Saft (Abtropfgewicht)	abtropfen und mit einer Gabel grob zerpflücken. Zutaten in eine Schüssel geben und mischen.
1 Zitrone	auspressen und zum aufgefangenen Saft geben.
1 Prise edelsüßes Paprikapulver	
4 EL Olivenöl	
3 TL Agavendicksaft oder Honig	
1/4 TL Kreuzkümmel, gemahlen	
weißen Pfeffer, frisch gemahlen	
1 1/2 TL Salz	zu einem Dressing verrühren und über den Salat geben. Vor dem Servieren mindestens 15 Minuten ziehen lassen.

Passt zu

Reisvariationen (Rezept S. 70/71), gewürztem Bulgur (Rezept S. 77), Fladenbrot, Baguette oder einem kräftigen Roggensauerteigbrot

Tipps

- Passt gut auf ein Buffet und ist ein prima »Katerfrühstück«.
- Wenn Sie keine Pfefferminze bekommen, erhöhen Sie den Anteil an Petersilie. Die Schärfe der Minze ersetzen Sie durch ein wenig Cayennepfeffer. Diese Kombination ist auch sehr gut im Herbst oder Winter.
- Ergänzen mit scharfen Sprossen: Rettich, Radieschen, Alfalfa.
- **Mitnehmen:** Eventuell mit Reis ergänzen.

Weiße Bohnen mit Salbei

über Nacht einweichen + 10 Minuten Vorbereitung + 3 Stunden Garzeit

Ein einfaches Gericht aus der toskanischen Landküche. Durch den langen Garvorgang durchzieht nach einiger Zeit ein feiner Duft die Küche und lässt das Wasser im Munde zusammenlaufen. Die Bohnen stärken die Nierenkraft und Salbei erfrischt das Herz. Sie schmecken köstlich, auch kalt gegessen, und lassen sich daher problemlos mitnehmen oder auf einem Buffet anrichten.

250 g große, weiße, getrocknete Bohnen	über Nacht in viel kaltem Wasser einweichen. Backofen auf 125 Grad vorheizen. Bohnen abgießen.
2 Knoblauchzehen	quer in hauchdünne Scheiben schneiden.
250 ml Wasser	
1 daumenlanges Stück Zitronenschale	
1/4 TL Kurkuma	
10 frische Salbeiblätter	
100 ml Olivenöl	zusammen mit dem Knoblauch und den Bohnen in eine ofenfeste, verschließbare Form geben. Bohnen bei verschlossenem Deckel im vorgeheizten Backofen auf die untere Schiene stellen und ca. 2 Stunden garen lassen. Zwischendurch immer wieder umrühren. Die Bohnen mit
schwarzem Pfeffer, frisch gemahlen	
1 TL Salz	würzen, durchrühren und nochmals 1 Stunde garen.

Variationen

Weiße Bohnen mit Tomaten: Im Sommer 3 gehäutete und entkernte Tomaten mitschmoren.

Weiße Bohnen mit Spinat und Penne: Fertig gekochte Bohnen in einer Pfanne erwärmen, frischen Spinat dazugeben und so lange umrühren, bis er zusammengefallen ist. Mit vorgekochten Nudeln mischen, mit frisch geriebenem Parmesan bestreuen.

Dazu passt

Tomatensoße (Rezept S. 65), Polenta (Rezept S. 76), Baguette, Fladenbrot, toskanisches Landbrot, frischer Schaf- oder Ziegenkäse, Tomatensalat

Gebratener Tofu

Wir sind lange um den Tofu herumgeschlichen, bis wir ihn schätzen lernten. Dank seines neutralen Geschmacks passt er sich problemlos verschiedenen Gemüsesorten, Hülsenfrüchten oder Salaten an. Der Quark aus Sojabohnen ist eine gute Einweißquelle und wirkt kühlend. Für Menschen, die viel frieren, ist Tofu daher besser bekömmlich, wenn er in eine wärmende, verdauungsfördernde Marinade eingelegt wurde.

10 Minuten + mind. 15 Minuten Zeit zum Marinieren

1 TL frischen Ingwer, fein gehackt *8 EL Tamari*	in einer großen flachen Form oder einem großen Teller verrühren.
600 g festen Naturtofu	quer in ca. 1 cm dicke Scheiben schneiden. Tofuscheiben im Ingwer-Tamari-Gemisch mindestens 15 Minuten marinieren. Immer wieder wenden, damit er sich gut vollsaugt.
3–4 gehäufte EL Weizen- oder Dinkelmehl *1/2 TL Kurkuma*	vermischen und abgetropfte, von den Ingwerstückchen befreite Tofuscheiben darin wälzen. Mehl fest andrücken.
4 EL Sonnenblumenöl	in einer Pfanne nicht zu stark erhitzen. Tofuscheiben darin von beiden Seiten goldgelb braten und sofort servieren.

Passt zu

Kichererbsen-Curry (Rezept S. 104), weißen Bohnen mit Salbei (Rezept S. 106), Linsengemüse (Rezept S. 101), warmem Linsensalat (Rezept S. 102), Kohlrabi-Karotten-Gemüse (Rezept S. 45), Karotten mit Ingwer, Rosinen und Cashewkernen (Rezept S. 43), glasierten Karotten und Frühlingszwiebeln (Rezept S. 44), Gurkengemüse (Rezept S. 61), gewürztem Bulgur mit Gemüse (Rezept S. 77), Kartoffelpüree (Rezept S. 79)

Tipps

- Ein Schuss Sake oder Sherry in der Marinade erhöht den wärmenden Charakter des Gerichts.
- Die übrig gebliebene Marinade als Soße zum Essen reichen.
- Tofu eventuell schon am Abend zuvor einlegen und zum Frühstück backen.
- Wenn nur das halbe Paket Tofu benötigt wird, den Rest am nächsten Tag für Tofu-Walnuss-Laibchen (Rezept S. 109) verwenden.

Tofu-Szegediner-Gulasch

15 Minuten + 30 Minuten Kochzeit

In diesem Gericht treffen sich österreichisch-ungarische und asiatische Küche zu einem schmackhaften, wärmenden und energiereichen Gericht. Wir haben das Gulaschfleisch einfach durch Tofu ersetzt.

2 Zwiebeln	
2 Knoblauchzehen	schälen und fein hacken.
4 EL Sonnenblumenöl	in einem Bräter erhitzen. Zwiebeln und Knoblauch darin glasig braten.
1 Lorbeerblatt	
1/2 TL Salz	dazugeben. Mit
50 ml Weißwein	ablöschen.
400 g frisches Sauerkraut, unpasteurisiert	dazugeben und gut umrühren.
250 ml heißes Wasser	
1 EL edelsüßes Paprikapulver	
6 Wacholderbeeren	
1/2 TL Kümmel	
1 TL Rohrzucker	dazugeben, umrühren und alles zusammen 30 Minuten bei milder Hitze schmoren lassen. In der Zwischenzeit
250 g festen Naturtofu	gut abtropfen lassen und in ca. 2 cm große Würfel schneiden.
2 EL Weizenmehl	
1/4 TL Kurkuma	in eine Schüssel geben und mischen. Tofuwürfel im Mehl verteilen und Schüssel rütteln, bis die Tofuwürfel gut von Mehl ummantelt sind.
3 EL Sonnenblumenöl	in einer Pfanne erhitzen und Tofuwürfel darin knusprig braten. Pfanne vom Herd nehmen. Mit
schwarzem Pfeffer, frisch gemahlen	würzen.
4 EL Tamari	dazugeben, Tofuwürfel darin schwenken und vor dem Servieren unter das Sauerkraut mischen.

Dazu passt

Pürees aus Kartoffeln und Co. (Rezept S. 79), Polenta ohne Salbei (Rezept S. 76), Salzkartoffeln, Roggensauerteigbrot

Tipps

- Geben Sie vor dem Servieren einen Klacks saure Sahne gemischt mit frisch geriebenem Meerrettich auf das Sauerkraut. Schmeckt himmlisch!
- Räuchertofu verwenden. Einfach nur klein geschnitten unter das Kraut mischen.
- Das Sauerkraut schmeckt auch ohne Tofuwürfel prima.
- **Mitnehmen:** Das heiße Sauerkraut ohne Tofuwürfel in einem Thermosgefäß mitnehmen. Mit Räuchertofu essen.

Tofu-Walnuss-Laibchen

Unsere vegetarische Frikadelle, die trotzdem Eiweiß enthält. Sie schmeckt sogar »eingefleischten Burgerfans«.

20 Minuten + 10 Minuten Bratzeit

250 g Tofu	in grobe Stücke schneiden.
schwarzen Pfeffer, frisch gemahlen *3 EL Sojasoße*	mit dem Tofu mischen, mit einer Gabel zerdrücken und eine gleichmäßige Masse herstellen.
3 EL Petersilie, gehackt *½ TL edelsüßes Paprikapulver* *2 Eier* *3 EL Walnüsse, fein gehackt* *4 EL Semmelbrösel*	dazugeben und mischen, bis eine formbare Masse entsteht. Bei Bedarf noch mehr Semmelbrösel nehmen. 8 kleine Laibchen formen.
4 EL Sonnenblumenöl	Darin Laibchen bei mittlerer Hitze braten. Auf Küchenpapier abtropfen.

Dazu passt

Kartoffelpüree (Rezept S. 79), Tomatensoße (Rezept S. 65), gewürzter Bulgur (Rezept S. 77), Couscous (Rezept S. 75), Kohlrabi-Karotten-Gemüse (Rezept S. 45), glasierte Karotten und Frühlingszwiebeln (Rezept S. 44), grüne Bohnen mit Tomaten ohne Schafkäse (Rezept S. 56)

Tipps

- Statt Petersilie frischen Majoran oder gehackte Frühlingszwiebeln verwenden.
- Fein geschnittene Karotten, Frühlingszwiebeln oder Pilze unter die Tofumasse mischen.
- Tofumasse nicht braten, sondern als Füllung für Wirsingrouladen (Rezept S. 53) verwenden.
- Ein prima Frühstück!
- **Mitnehmen:** Die Laibchen schmecken auch sehr gut kalt, z. B. als Sandwich mit einem Blatt Salat und Senf. Kalt, in Scheiben geschnitten, können sie auch über einen grünen Salat gegeben werden.

Dressings, Dips und kleine Beigaben

Kleine Dinge – große Wirkung!
Das ist das Motto für diese Rezepte. Man denkt, sie sind nur eine schmackhafte Ergänzung. Dabei spielen sie eine wesentliche Rolle für die Bekömmlichkeit. Sie enthalten teilweise »exotischere« Zutaten, die wir aber bewusst einsetzen wegen ihrer hohen Wirksamkeit.

Dressings: Die Krönungen des Salats

5–10 Minuten

Ein kleiner Blattsalat als Beilage ergänzt durch seine Frische unsere gekochten Gerichte. Gemüsesalate befriedigen in allen Jahreszeiten unser Bedürfnis nach etwas Herzhaft-Säuerlichem. Doch was wären sie ohne ein schmackhaftes Dressing? Es ist ganz einfach herzustellen und sogar als Vorrat mehrere Wochen im Kühlschrank haltbar. Wir mixen uns oft eine Grundmischung in größeren Mengen, passend zu den Salaten der jeweiligen Jahreszeit, und ergänzen diese dann jeweils mit frischen Zutaten.
Die feine Säure von Zitrone oder unpasteurisiertem Essig ist eine wichtige Verdauungshilfe, und kleine Mengen hochwertige, kaltgepresste Öle helfen, dass alles »wie geschmiert« läuft. Wenn die Qualität dieser beiden Grundzutaten stimmt, ist das Geschmackserlebnis garantiert. Es gibt viel zu entdecken: Verschiedene Essig- und Ölsorten, Kräuter, Senf, Meerrettich und Gewürze bringen Abwechslung in Geschmack und Wirkung. Unerlässlich ist die Zugabe einer kleinen Menge Süßmittel, um das Ganze »ins Gleichgewicht« zu bringen. Manche Essigsorten bringen allerdings eine gewisse Süße mit, bedingt durch ihre Herstellung mit Honig oder eine lange Lagerung, wie bei echtem Balsamico-Essig. Geröstete Nüsse oder Samen, am Schluss über einen Salat gestreut, schaffen ein knackiges Geschmackserlebnis, nähren und machen satt.

Wärmendes Dressing

2 EL Walnuss-, Traubenkern- oder Haselnussöl
2 EL Sonnenblumenöl
1 TL scharfen Senf
schwarzen Pfeffer, frisch gemahlen
½ TL Salz
2 EL Balsamico-Essig oder Rotweinessig
1 Prise edelsüßes Paprikapulver
1–2 TL Agavendicksaft oder Honig, je nach Süße des Essigs

mit einem kleinen Schneebesen oder einer Gabel zu einer sämigen Soße aufschlagen.

Passt zu

Endiviensalat mit sehr fein geschnittenen oder geriebenen Zwiebeln, noch besser Schalotten; Feldsalat mit Croûtons und gerösteten Sonnenblumenkernen; gekochter Rote Bete mit frisch geriebenem Meerrettich und gerösteten Walnüssen; blanchiertem Rot- oder Weißkohl mit gerösteten Haselnüssen

Erfrischendes Dressing

4 EL Olivenöl oder Sonnenblumenöl
weißen Pfeffer, frisch gemahlen
1 TL Salz
3 EL Zitronensaft
1 Prise edelsüßes Paprikapulver
2–3 TL Agavendicksaft oder Rohrzucker

mit einem kleinen Schneebesen oder einer Gabel zu einer sämigen Soße aufschlagen.

Passt zu

Pflücksalat, Kopfsalat, Frisée, Lollo Rosso mit vielen frischen Kräutern; Radicchio, Chicorée mit 2 EL Orangensaft zusätzlich zur Zitrone; Karotte, Sellerie, gekocht oder sehr fein geraspelt, mit gerösteten Pinienkernen und fein geschnittenen Frühlingszwiebeln; fein geschnittenen Fenchelscheiben mit zerstoßener Fenchelsaat und Fenchelgrün

Variationen

Fruchtdressing: Wärmendes Dressing ohne Senf, das ergänzt wird mit Püree aus einer gedünsteten Birne oder 2–3 EL Preiselbeeren.

Traubendressing: Wärmendes Dressing mit Traubenkernöl, Rotweinessig und 1 Handvoll halbierten, entkernten Weintrauben.

Rote-Bete-Dressing: Wärmendes Dressing mit Meerrettich und mit 2 EL fein geriebener Rote Bete.

Orangendressing: Erfrischendes Dressing, mit Stückchen von filetierten Orangen und Orangensaft ergänzt.

Fencheldressing: Erfrischendes Dressing, ergänzt mit 2 EL sehr fein gehacktem Fenchel, nur das zarte Innere verwenden. Zusätzlich würzen mit zerstoßener Fenchel- oder Anissaat.

Tipps

- **Vorrat:** Die vierfache Menge der Grundzutaten in eine kleine Flasche oder Glas mit festem Drehverschluss geben und kräftig schütteln – vor jedem Gebrauch immer wieder aufschütteln. Kräuter, Fruchtpürees, Zwiebeln, Meerrettich oder Gemüse zum Dressing geben, kurz bevor Sie den Salat anmachen.
- Blattsalat im Küchentuch oder in der Salatschleuder trocknen.

Meerrettich mit Apfel

25 Minuten

Diese süß-scharfe Sauce, die in Österreich Apfelkren genannt wird, schmeckt nicht nur köstlich erfrischend, sondern öffnet auch die Atemwege. Daher ist sie besonders hilfreich im Herbst und im Winter.

ca. 1 kg süße mürbe Äpfel schälen, Kerngehäuse entfernen und Fruchtfleisch in Stücke schneiden. In einen Topf geben.

250 ml Rindfleischbrühe, Fleischextrakt mit Wasser oder Gemüsebrühe beigeben und Äpfel darin weich dünsten. Eventuell noch etwas zerdrücken. In eine Schüssel umfüllen und abkühlen lassen.

frische Meerrettichwurzel schälen und ca. 2–4 EL fein reiben, je nachdem wie scharf man es mag. Mit den gedünsteten Äpfeln mischen. Mit

Salz abschmecken.

Passt zu

allen Sorten von gekochtem Rindfleisch, z. B. Tafelspitz, Ochsenbrust oder pochiertem Rinderfilet (Rezept S. 91), Tofu-Walnuss-Laibchen (Rezept S. 109), geräuchertem Fisch, Kartoffelpfannkuchen, Roggensauerteigbrot mit Butter

Tipps

- Man kann die Äpfel auch fein reiben und roh mit dem Meerrettich vermischen, dann zusätzlich etwas Zitronensaft an die Äpfel geben.
- Meerrettichwurzel lässt sich in Folie gewickelt für längere Zeit im Gemüsefach des Kühlschranks aufbewahren. Darauf achten, dass sie nicht schimmelt.
- Verwenden Sie keinen Meerrettich aus dem Glas. Er ist meistens geschwefelt.

Dips für die Bekömmlichkeit

15 Minuten

Diese Dips sind schnell hergestellt. Man reicht sie zum Essen als kleine Beigabe oder verwendet sie als Dressing. Allerdings benötigt man dazu spezielle Zutaten, damit sie ihre verdauungsfördernde Wirkung und Geschmacksvielfalt entwickeln. Die »exotischeren« Öle und Essigsorten eignen sich auch gut zum Variieren unserer Salatdressings. Das Miso können Sie zum schnellen Herstellen einer einfachen Misobrühe verwenden. Daher lohnt sich der Aufwand der Beschaffung in mehrfacher Hinsicht.

Karotten-Miso-Dip

2 Karotten, ca. 100 g	schälen und in grobe Stücke schneiden.
4 EL Erdnuss- oder Sonnenblumenöl	
1 EL geröstetes Sesamöl	
2 EL Ingwer, gehackt	
3 EL weißes Miso	
4 EL Reis- oder Apfelessig	
1 Prise Kurkuma	
1/2 TL Honig	in einem höheren Gefäß mit dem Pürierstab pürieren. Mit
schwarzem Pfeffer, frisch gemahlen	
Salz	abschmecken.

Rettich-Ingwer-Dip

4 EL Mirin (süßer Reiswein), ersatzweise 4 EL Weißwein mit 1 TL Agavendicksaft vermischt	
300 ml Wasser	in einem Topf zum Kochen bringen und 1 Minute köcheln lassen. Topf von der Platte nehmen.
4 EL Sojasoße	
1 EL braunes Miso	einrühren und abkühlen lassen.
1 kleinen Daikon (japanischer Rettich) oder weißen Rettich	raspeln. Zusammen mit
1 EL Ingwer, frisch gerieben	zur Flüssigkeit geben. Dip auf 4 kleine Schalen verteilen.

Passen zu

pochiertem Fleisch (Rezept S. 91), gebratenem Tofu (Rezept S. 107), grünen Blattsalaten;
Karotten-Ingwer-Dip: als Dressing zu Chicorée oder Fenchel

Tipps

- Die Menge des Karotten-Ingwer-Dips reicht als Dip zu Fleisch, Fisch oder Tofu für 4 Personen. Als Salatdressing genügt die Hälfte. Machen Sie das Ganze etwas flüssiger mit etwas mehr Öl und Essig. Reste lassen sich in einem Schraubglas im Kühlschrank mehrere Tage aufheben.
- Rettich-Ingwer-Dip schmeckt nur frisch.

Sauerkrautsalat

20 Minuten

Salat aus Sauerkraut? Das können Sie sich nicht vorstellen? Dann probieren Sie mal. Er schmeckt nicht nur herzhaft und knackig, sondern ist auch durch die Milchsäurebakterien eine prima Verdauungshilfe. Diese sind allerdings nur dann noch vorhanden, wenn das Sauerkraut nicht pasteurisiert wurde. Zusätzlich leistet das Kraut vor allem im Winter einen wichtigen Dienst: Es ist Lieferant von Vitamin C. Bereits ein kleines Schälchen zum Essen oder eine Gabel voll nach dem Essen genügt. Die Zugabe der Walnüsse stärkt die Nierenkraft und wärmt. Sauerkrautsalat lässt sich problemlos mehrere Tage im Kühlschrank aufbewahren.

400 g frisches Sauerkraut, unpasteurisiert kräftig ausdrücken, am besten mit den Händen. Am Ende sollte es nur noch ungefähr 200 g wiegen. Saft auffangen. Sauerkraut mit einem Messer fein schneiden oder hacken.

2 EL Walnussöl
2 EL Sonnenblumenöl
1 TL Agavendicksaft oder
1 TL Rohrzucker
schwarzen Pfeffer, frisch gemahlen
1/2 TL Salz
3–4 EL Sauerkrautsaft
1/2 TL süßes Paprikapulver nach Geschmack zu einem Dressing verrühren.

4 EL grob gehackte Walnüsse mit dem Dressing zum Sauerkraut geben und alles vermischen.

Passt zu

Kartoffelpüree (Rezept S. 79), Frikadellen (Rezepte S. 64, 85, 109), gebratenem Tofu (Rezept S. 107), Wiener Würstchen

Schinkennudeln: Dazu breite Bandnudeln in Stücke brechen und nach Packungsanweisung kochen. In der Zwischenzeit Zwiebelwürfel und schmale Streifen von rohem, nicht zu magerem Schinken kross in Öl ausbraten und mit den gekochten Nudeln gut vermischen. Mit frisch gemahlenem schwarzem Pfeffer würzen.

Tipps

- Als erfrischende Zugabe zum Befeuchten der Lunge: Ca. 100 g Weintrauben halbieren und unter den Salat mischen.
- Walnüsse durch Pinienkerne ersetzen.
- Haselnuss-, Traubenkern- oder Steinpilzöl (siehe Tipp Rezept S. 55) verwenden.
- 1–2 EL Sauerkrautsaft, mit Wasser ergänzt, wie Medizin als Verdauungshilfe einnehmen oder anstelle von Essig in einem Dressing verwenden.
- **Mitnehmen:** Sauerkrautsalat mit Frikadellen.

Joghurt-Minz-Soße

Diese sehr erfrischende und den Körper befeuchtende Soße ergänzt an trockenen heißen Sommertagen ideal andere Gerichte. Die scharfe Wirkung der Minze und die Feuchtigkeit bewegende Wirkung der Zitronenschale hilft, den Joghurt besser zu verdauen. Die Soße ist sehr schnell zusammengerührt und passt sich auf einem Buffet vielen Speisen aus Gemüse, Getreide und Fleisch an.

10 Minuten

3 Handvoll frische Pfefferminzblätter	fein hacken.
1 TL Salz	unter die Minze mischen und mit der flachen Seite eines breiten Messers zusammen verreiben. Dadurch entfalten sich die ätherischen Öle der Minze besonders gut.
1/2 Zitrone, fein gehackte Schale	
500 ml Joghurt, Vollfettstufe	mit dem Minze-Salz vermischen. Mit
1 Prise Bockshornkleesaat, gemahlen	
1 Prise Rohrzucker	
1/4 TL Kreuzkümmel, gemahlen	abschmecken.

Passt zu

Frikadellen (Rezepte S. 64, 85, 109), gebratenem Tofu (Rezept S. 107), Linsenmus (Rezept S. 103), gewürztem Bulgur (Rezept S. 77), Couscous (Rezept S. 75)

Tipps

- Scharf und erfrischend wirken auch die Sprossen von Rettich, Radieschen und Alfalfa.
- Alternativ Basilikum, Dill oder Koriandergrün verwenden, da diese Kräuter helfen, den stark befeuchtenden Joghurt im Organismus zu verteilen. Sie wirken im Gegensatz zur Minze leicht wärmend und sind deshalb zu empfehlen, wenn Sie grundsätzlich zum Frieren neigen.

Kompotte und Süß-speisen

Wie wäre es mal wieder mit einem Kompott, frisch mit Zitrone und Vanille, oder wärmend, mit Nelke und Zimt? Kompotte aus saisonalem Obst mit den passenden Gewürzen sind eine Köstlichkeit und stärken unsere Körpersäfte.
Kleine Mengen selbst gemachte Süßspeisen befriedigen unsere Süß-gelüste und sind zusätzlich Nahrung für die Seele.

Vielleicht erinnern Sie sich auch an wohlgemeinte, von uns Kindern aber klammheimlich ignorierte Ermahnungen der Mutter oder Großmutter: »Kind, iss nicht zu viel rohes Obst, du bekommst Durchfall!« Und das im Sommer, wo es ein höchster Genuss ist, Berge von saftigen Erdbeeren oder knackigen Süßkirschen zu vertilgen. Leider im Nachhinein manchmal mit den prophezeiten Auswirkungen. Obst wurde uns vor allem als würziges Kompott oder als erfrischende Fruchtsuppe mit Eischneeklößchen serviert. Gekocht mit warmen anregenden Gewürzen und Zitronenschale schmeckte es köstlich und war tatsächlich sehr wohltuend.

Kinder haben meistens ein ausgeprägtes Süßbedürfnis, weil sich ihre »Mitte« noch im Aufbau befindet. Daher sind unsere süßen Gerichte wie z. B. die Crostata sehr beliebt und auch für sie gut geeignet. Aber auch Erwachsene kann man erfahrungsgemäß damit erfreuen. Denn die meisten kennen die Lust auf Süßes. Süßes beruhigt und entspannt. Herzhafte, gut zubereitete Gerichte mit einer Mischung aus Gemüse, Getreide und Fleisch verhindern extreme Süßbedürfnisse, da wir dann genährt und satt sind, das heißt: Unsere Mitte ist befriedigt. Dennoch kann man ohne Bedenken gelegentlich einen kleinen Nachtisch, ein Stück süßen Getreideauflauf oder selbst gebackenen Kuchen in den Speiseplan einbauen.

Kocht man die Süßspeisen selbst, weiß man, was man isst, und befriedigt Süßgelüste, ohne wahllos zu Süßriegeln und Industriegebäck zu greifen. Man kann die Menge und Qualität von Süßmitteln selbst bestimmen, denn ein zu hoher Süßmittelanteil – vor allem von Industriezucker, aber auch von Bio-Honig – führt häufig zu Nässestau und Schleimbelastung im Körper. Probieren Sie auch einmal hochwertige Schokoladen mit hohem Kakaoanteil. Sie kommen wegen des langen Herstellungsprozesses mit weniger Süßmittel aus.

Ein Klacks frische süße Sahne rundet ein fruchtiges Dessert ab und gibt manchem Stück Kuchen erst den letzten Pfiff. In kleinen Mengen wird sie meistens gut vertragen – im Gegensatz zu Sahne, die mitgekocht wurde. Kombiniert mit abgeriebener Orangenschale und gemahlenem Zimt oder abgeriebener Zitronenschale und fein gehackter Pfefferminze schmeckt sie noch besser und ist auch bekömmlicher.

Karamellisierte Äpfel

Eine der Lieblingsspeisen für unsere Naschkatzen und -kater. Passt zwar am besten im Herbst und Winter, aber nichts spricht gegen den Genuss dieser Köstlichkeit zu anderen Jahreszeiten.

20 Minuten + 20–30 Minuten Backzeit

	Backofen auf 200 Grad vorheizen.
	Den Boden einer mittelgroßen Auflaufform mit Butter einfetten.
4 feste mittelgroße Äpfel	schälen, vierteln, entkernen und die gewölbte Fläche fächerförmig einschneiden. In die gebutterte Auflaufform mit der gefächerten Fläche nach oben setzen.
1 Zitrone	auspressen.
1 Prise reines Kakaopulver	
4 EL Agavendicksaft oder Ahornsirup	
1/4 TL Vanille, gemahlen, oder Mark einer Vanilleschote	
1/4 TL Zimt, gemahlen	miteinander verrühren. Soße mit einem Teelöffel über die Äpfel verteilen. Je ein Flöckchen
kalte Butter	auf die Äpfel verteilen.
	Form auf der mittleren Schiene in den vorgeheizten Backofen schieben und ca. 30 Minuten backen, bis die Äpfel weich sind und leicht karamellisieren. Aufpassen, dass sie nicht anbrennen.
2 EL Mandelblättchen oder gehackte Mandeln	ein paar Minuten vor Ende der Backzeit über die Äpfel verteilen.
	Die noch warmen Äpfel auf Teller verteilen.

Tipps

- Mit frisch geschlagener Sahne, gewürzt mit abgeriebener Orangenschale und Zimt, servieren.
- **Mitnehmen:** Die Äpfel kann man gut mitnehmen, eventuell ergänzt mit gekochtem Getreide wie Süßreis, Dinkelgrießbrei oder Hirse. Mit einer herzhaften Suppe vorweg gibt das eine vollständige Mahlzeit.

Kompotte, süß und saftig

20 Minuten

Wir legen es Ihnen wirklich ans Herz und somit auch in den Magen, der es Ihnen dankt: Kochen Sie sich öfter einmal ein Kompott. Es ist die bekömmlichste Art, Obst zu genießen, es schmeckt frisch, ist saftig und ergänzt so unsere Körpersäfte. Die Süße des Obstes bestimmt, ob und wie viel Süßmittel Sie zum Kompott dazugeben. Voll ausgereiftes Obst kommt ohne aus. Dazu tragen auch die Gewürze bei, die die Fruchtaromen unterstützen. Dies gilt ganz besonders für Vanille. Einen feinen bittersüßen Geschmack ergibt die Zugabe von Kumquats. Die Schale der Zwergbitterorange wirkt verdauungsanregend und entfernt Feuchtigkeit.

Birnenkompott, süß-erfrischend mit Grapefruit oder Kumquats

2 Birnen	schälen, halbieren, Kerngehäuse entfernen und in Scheiben schneiden.
250 ml heißes Wasser	
ca. 5 cm Zimtstange	
1 Nelke	
1 Prise Salz	
1/2 Zitrone, Saft und fein gehackte Schale	
1 Prise reines Kakaopulver	zusammen erhitzen. Birnen zugeben und weich dünsten.
1 Grapefruit	schälen, in Stücke schneiden oder filetieren; oder
4 Kumquats	waschen und in feine Rädchen schneiden.
	In das heiße Kompott geben und abkühlen lassen.

Apfelkompott, süß-fruchtig mit Rosinen

500 g Äpfel	schälen, halbieren, Kerngehäuse entfernen und in Spalten schneiden.
250 ml heißes Wasser	
ca. 5 cm Zimtstange	
oder Mark von 1/2 Vanillestange	
oder 1/4 TL Vanille, gemahlen	
2 EL Rosinen	
1 Kardamomkapseln, angeknackt	
1 Prise Salz	
Zitronensaft	je nach Säure der Äpfel.
1 Prise reines Kakaopulver	zusammen erhitzen.
	Äpfel zugeben und weich dünsten.

Zwetschgenkompott, süß-aromatisch mit warmen Gewürzen

500 g Zwetschgen waschen, halbieren und entsteinen.

250 ml heißes Wasser
ca. 5 cm Zimtstange
2 EL Rohrzucker
1 Sternanis
1 Nelke
2 Scheiben frischer Ingwer, geschält
1 Prise Salz
1 Spritzer Zitronensaft
1 Prise reines Kakaopulver zusammen erhitzen. Zwetschgen zugeben und weich dünsten.

Passt zu

Reiscongee (Rezept S. 74) , süßer Polenta (Rezept S. 76), süßen Grießklößchen (Rezept S.78), süßen Getreideaufläufen (Rezept S. 130/131), Pfannkuchen (Rezept S. 24), Hirse pur oder Grießbrei, mit gehackten Nüssen bestreut

Tipp

- Sie können das Kompott auch in Fruchtsaft kochen. Lecker sind z. B. Birnen oder Äpfel in rotem Traubensaft oder Pflaumen in (frisch gepresstem) Orangensaft.

Variation

Pochierte Rotweinbirnen: Sud für Zwetschgenkompott mit 250 ml Rotwein auffüllen. 2 große Birnen, schälen, längs halbieren, dazugeben, in ca. 15 Minuten weich dünsten. Passen auch zu herzhaften Speisen, z. B. Wild.

Erdbeer-Rhabarber-Mus

25 Minuten + Abkühlzeit

Rhabarber und Erdbeeren wachsen zur gleichen Zeit. Warum also die beiden nicht kombinieren? Die feine Säure des Muses wird hier ergänzt durch den scharf-fruchtigen Geschmack der roten Pfefferbeeren und sanft abgerundet von Vanille. Das Mus schmeckt und wirkt wunderbar erfrischend. Dazu Vanillesahne reichen.

250 g Rhabarber	sorgfältig schälen, sodass die Fäden entfernt sind, und in kleine Stücke schneiden.
125 ml Wasser	in einen Topf geben und Rhabarber hinzufügen.
1 Prise reines Kakaopulver	
60 g Rohrzucker	
1/2 TL Vanille, gemahlen	
1 TL rote Pfefferbeeren	im Mörser oder mit der Klinge eines großen Messers zerdrücken.
1 Prise Salz	zum Rhabarber geben, aufkochen und 10 Minuten auf kleiner Flamme köcheln.
	In der Zwischenzeit
500 g Erdbeeren	waschen, entstielen und vierteln. Erdbeeren in das heiße, weich gekochte Rhabarbermus geben und noch einmal aufkochen. Mus in eine Schüssel füllen und abkühlen lassen.

Ingwer-Zitrus-Soße

15 Minuten

Ein feines Sößchen als Begleiter für unsere Getreideaufläufe, aber auch für Pfannkuchen oder Bratäpfel – nicht nur für den Geschmack, sondern auch für die Verdauung.

1 Orange, Saft und fein gehackte Schale	
1 Zitrone, Saft und fein gehackte Schale	Saft beiseite stellen.
250 ml heißes Wasser	
150 g Rohrzucker	
2 EL Ingwer, in sehr feine Stifte geschnitten oder gerieben	
1 Prise Salz	mit den Zitrusschalen aufkochen und etwas einköcheln. Den Saft der Früchte am Schluss zufügen.

Himbeersülzchen

Mit diesem Rezept können Sie Früchte in Form bringen und stürzen. Das gelingt hier mit Hilfe von Tapioka, einer nahezu geschmacksneutralen Zutat, die aus der Maniokwurzel (Kassava) hergestellt wird und, ähnlich wie Sago, zum Binden von Flüssigkeit verwendet werden kann. Zusätzlich mildert es die Obstsäure.

25 Minuten
+ 45 Minuten
Abkühlzeit

250 ml Wasser
1 Prise Salz
125 ml Weißwein oder Traubensaft
Saft von 1/2 Zitrone
1 Prise reines Kakaopulver
4 EL Rohrzucker
1/4 TL Vanille, gemahlen oder
4 EL Vanillezucker in einen Topf geben und aufkochen.

60 g Tapioka in die kochende Flüssigkeit geben, ca. 20 Minuten köcheln, öfter umrühren. Die weißen Tapiokaklümpchen sollten sich fast auflösen.

200 g Himbeeren waschen, mit einer Gabel zerdrücken und kurz vor Ende der Garzeit in die kochende Tapiokamasse rühren, kurz aufkochen. Topf vom Herd nehmen. Masse auf 4 kalt ausgespülte Schälchen verteilen und abkühlen lassen. Vor dem Servieren Schälchen kurz in heißes Wasser tauchen und Sülzchen auf Teller stürzen.

Variationen

Zitrussülzchen: 1 TL frischen gehackten Ingwer mit den Gewürzen und der Tapioka mitkochen. Ca. 500 g Orangen mit einem scharfen Messer großzügig abschälen, sodass das Weiße mit entfernt wird. Fruchtfilets ohne Haut herauslösen und in Stückchen schneiden. Saft auffangen. Fruchtfleisch mit dem Saft und 1 TL gehackter Orangenschale anstatt der Himbeeren zur Tapiokamasse geben.
Beerensülzchen: Himbeeren, Brombeeren, Johannisbeeren, Heidelbeeren und Erdbeeren mischen.

Fruchtsuppe mit Schwänchen

30 Minuten + 1 Stunde Abkühlzeit

Ein Sommerklassiker aus Gabis Kindheit. Ihre Mutter Resi verarbeitete die Gartenfrüchte zu dieser erfrischenden und bekömmlichen süßen Suppe, aus Zutaten ähnlich der roten Grütze. Ergänzt wurde das Ganze mit Eiweiß, den »Schwänchen«. Damit ist die Suppe an einem heißen Tag als Hauptgericht ausreichend. Alternativ passen auch süße Grießklößchen (Rezept S. 78) oder Zitronen-Minz-Sahne dazu.

750 g gemischte rote Früchte wie Erdbeeren, Himbeeren, Johannisbeeren, Süß- oder Sauerkirschen, Brombeeren, Heidelbeeren	waschen und putzen. Erdbeeren vierteln und Kirschen halbieren.
200 ml Wasser *200 ml roten Traubensaft* *2 Kapseln Kardamom, aufgeknackt* *1 Prise Salz*	
1 Zitrone	Schale abreiben und fein hacken.
1 Prise reines Kakaopulver *ca. 4 EL Rohrzucker, je nach Süße der Früchte, oder Vanillezucker*	in einem weiten Topf zum Kochen bringen. Früchte hinzufügen, aufkochen und auf kleinster Flamme 2–3 Minuten weiterköcheln. In der Zwischenzeit
4 EL kalten roten Traubensaft *2 EL Maisstärke oder, noch besser, 2 EL Kuzu*	miteinander verrühren und in die köchelnde Fruchtsuppe einrühren. Weitere 5 Minuten köcheln lassen. Wenn Sie mit Kuzu binden, nur einmal aufkochen und Topf sofort vom Herd nehmen. Etwas abkühlen lassen. In der Zwischenzeit
1 Eiweiß	in ein hohes Gefäß geben und steif schlagen.
2 TL Puderzucker, wenn möglich aus Rohrzucker *1 Prise Zimt, gemahlen* *1 Prise Salz*	nach und nach dazugeben. Aus der steifen Eiweißmasse Klößchen abstechen und auf die warme, nicht zu heiße, Fruchtsuppe setzen, Deckel auflegen und zusammen abkühlen lassen. Nicht in den Kühlschrank stellen, da die Kälte das zarte Aroma der Früchte mindert.

Birnen-Haferflocken-Kuchen

Ein Kuchen besonders für den Spätsommer und Herbst. Hafer ist ein kräftigendes, nahrhaftes Getreide und die Birnen ergänzen die Säfte der Lunge. Mit Birne – eventuell ergänzt mit einem Schuss Birnenbrand im Teig – ist es aber unsere Lieblingskombination. Sie können aber auch Sauerkirschen, Aprikosen, Zwetschgen oder Äpfel in den Teig geben und so den Kuchen zu allen Jahreszeiten genießen.

40 Minuten
+ 35 Minuten
Backzeit

200 g Butter *3 Eier*	aus dem Kühlschrank nehmen, damit sie zimmerwarm werden. Butter in kleine Stücke schneiden und in eine Rührschüssel geben.
1 Zitrone	waschen, trocken reiben. Schale fein hacken. Saft von einer Hälfte auspressen.
ca. 600 g Birnen	schälen, halbieren und Kerngehäuse entfernen, Birnen achteln und sofort mit dem Zitronensaft in einer Schüssel vermischen, damit sie nicht braun werden. Eine Springform (26 cm Durchmesser) mit Butter einfetten und mit Mehl ausstreuen. Backofen auf 180 Grad vorheizen.
100 g Rohrzucker *1 Vanilleschote, Mark* *(oder $^{1}/_{2}$ TL Vanille, gemahlen)*	zu den Butterstückchen geben und mit dem Handrührgerät cremig rühren. Die Eier nach und nach unterrühren.
100 g Haferflocken, feinblättrig *1 Prise Salz* *125 g Weizenmehl (Type 550)* *2 TL Weinsteinbackpulver* *2 EL reines Kakaopulver* *1 TL Zimt, gemahlen* *100 ml Milch*	der Reihe nach unter weiterem Rühren einarbeiten, ebenso die Zitronenschale. Den Teig in die vorbereitete Form füllen und glatt streichen. Birnen fächerartig im Kreis leicht in den Teig drücken. Kuchen im vorgeheizten Backofen auf mittlerer Schiene 30–35 Minuten backen. Stäbchenprobe machen: Ein dünnes Holzstäbchen an der höchsten Kuchenstelle senkrecht bis zum Formboden einstechen. Der Kuchen ist gar, wenn kein Teig mehr am Stäbchen klebt. Kuchen aus dem Backofen nehmen und 5 Minuten in der Form ruhen lassen, dann vorsichtig herauslösen und auf einem Kuchengitter auskühlen lassen. Den abgekühlten Kuchen mit
2 EL Puderzucker	leicht bestäuben.

Crostata – italienischer Mürbteigkuchen

20 Minuten Zubereitung + 30 Minuten Kühlzeit + 30 Minuten Backzeit

Einmal gegessen – darauf versessen. Nachdem uns Donatella ganz sorglos diesen wunderbaren Mürbteigkuchen als Geschenk mitbrachte, waren wir süchtig danach. Das Gute an der Sache ist: Die Crostata lässt sich schnell zubereiten und hält sich problemlos mehrere Tage.
Neigen Sie zu kalten Händen? Dann ist die Herstellung von Mürbteig genau das Richtige für Sie. Spaß beiseite! Mürbteig nimmt Wärme übel. Er wird dann klebrig und weich. Daher sollten die Zutaten gut gekühlt sein und statt mit den Händen zunächst mit einem großen Messer durchgehackt werden.

5 EL Rohrzucker *1 Päckchen Vanillezucker* *1 Prise gemahlenen Ingwer* *1 Prise Salz* *1 Zitrone, fein gehackte Schale* *1 Prise reines Kakaopulver*	in eine kleine Schüssel geben und vermischen.
1 Ei und 2 Eigelbe	miteinander verschlagen.
250 g Weizenmehl, Type 550 *1 EL Weinsteinbackpulver*	zusammen auf die saubere Arbeitsfläche sieben, eine große Mulde hineindrücken und Zucker-Gewürz-Mischung und Eier hineingeben.
100 g kalte Butter	in kleine Stücke schneiden und rundum auf den Mehlrand setzen. Zutaten mit einem großen Messer durchhacken, bis grobe Brösel entstehen. Hände unter kaltem Wasser kühlen und die Brösel von Hand kurz zu einem weichen Teig durchwalken. Zu einer Kugel formen, in Folie wickeln und 30 Minuten im Kühlschrank kalt stellen.
	Eine Springform (26 cm Durchmesser) oder eine Tortenbodenform mit Butter einfetten und mit wenig Mehl einstäuben. Backofen auf 175 Grad vorheizen.
	Ein Viertel vom Teig beiseite legen. Den Rest zart mit Mehl bestäuben und nochmals durchkneten. Arbeitsfläche bemehlen. Teig rund passend zum Durchmesser der Form mit einem Nudelholz ausrollen, in die Form legen und an den Seiten etwas hochdrücken. Teigboden mit einer Gabel mehrmals einstechen. Aus dem zurückgelegten Teig dünne Rollen oder Streifen formen.
ca. 250 g Himbeermarmelade	auf den Teig streichen, die Teigrollen gitterförmig darüberlegen und am Rand etwas festdrücken. Auf mittlerer Schiene im Backofen ca. 30 Minuten backen.

Variationen

Kürbis-Crostata: Während der Teig ruht, 500 g Hokkaido-Kürbis waschen, vierteln und wattige Fasern mitsamt Kernen entfernen. In grobe Stücke schneiden. Knapp mit Wasser bedeckt in ca. 15 Minuten weich kochen, Wasser abgießen und Kürbis pürieren. Abkühlen lassen. Püree mit 1 Ei plus 1 Eigelb, 75 g Rohrzucker, 1/4 TL Salz, 1/2 TL Zimt, 1 großen Prise gemahlenem Ingwer, 1 großen Prise frisch gemahlener Muskatnuss und 150 g süßer Sahne verrühren. Auf den vorbereiteten Teigboden geben und Gitternetz darüberlegen. Bei 175 Grad ca. 30 Minuten backen, bis das Kürbispüree fest ist.

Crostata mit Pinienkernen: Ganzen Teig ausrollen, 100 g Pinienkerne mit fein gehackter Schale einer Zitrone vermischt auf dem Boden verteilen. Leicht andrücken und backen. Mit Puderzucker bestäuben und mit Sahne servieren.

Tipps

- Sollte der Teig nicht zusammenhalten, kneten Sie 1–2 EL kaltes Wasser unter, aber auf keinen Fall Mehl.
- Unser Favorit für die Crostata ist zwar die Himbeermarmelade, aber es passt auch gut: Zwetschgenmus (Rezept S. 139), Johannisbeer- oder Aprikosenmarmelade. Wählen Sie Ihre Lieblingssorte!

süße Getreideaufläufe

20–30 Minuten + 60 Minuten Backzeit

Kinder, aber auch Erwachsene, lieben diese Aufläufe. Heiß oder kalt gegessen, schmecken sie zu jeder Tageszeit. Mit den verschiedensten Obstsorten gefüllt, passen sie sich allen Jahreszeiten an und lassen sich problemlos wie ein Stück Kuchen mitnehmen. Mit Dinkel- oder Weizengrieß ist der Auflauf »kuchiger«, mit Hirse dagegen etwas herzhaft-körniger.

Grießauflauf mit Äpfeln

500 ml heißes Wasser	
500 ml Milch oder Sojamilch	
6 EL Rohrzucker	
2 EL Butter	
1/2 TL Kardamom, gemahlen	
1 Prise Salz	in einem Topf zusammen aufkochen.
200 g Dinkel- oder Weizengrieß	unter Rühren in die Flüssigkeit einstreuen, Hitze reduzieren und 10 Minuten quellen lassen. Brei in eine Schüssel füllen und abkühlen lassen. In der Zwischenzeit Backofen auf 180 Grad vorheizen. Eine flache Auflaufform mit
Butter	einfetten und mit
Semmelbrösel	ausstreuen.
3–4 Äpfel, je nach Größe	schälen, achteln, Kerngehäuse entfernen, in kleine Stücke schneiden.
1 Zitrone, fein gehackte Schale	
1 Prise reines Kakaopulver	
4 Eigelbe	
50 g Mandelsplitter	
50 g Rosinen	unter den abgekühlten Brei mischen.
4 Eiweiße	steif schlagen und vorsichtig unterheben. Der Brei sollte noch handwarm sein, da der Eischnee sonst zusammenfällt. Backen: siehe nächste Seite.

Hirseauflauf mit Sauerkirschen

200 g Hirse	in einem Sieb mit heißem Wasser abspülen, bis die Flüssigkeit klar ist.
250 ml heißes Wasser	
500 ml Milch oder Sojamilch	zum Kochen bringen. Hirse dazugeben.
6 EL Rohrzucker	
2 EL Butter	
1/2 TL Kardamom, gemahlen	
1 Prise Salz	zur Hirse geben, aufkochen und bei geringer Hitze in ca. 20 Minuten zugedeckt ausquellen lassen. Die Flüssigkeit sollte aufgesogen sein. Aufpassen, dass die Masse nicht anbrennt. In eine Schüssel geben und abkühlen lassen. In der Zwischenzeit Backofen auf 180 Grad vorheizen. Eine flache Auflaufform mit
Butter	einfetten und mit
Semmelbrösel	ausstreuen.
500 g frische Sauerkirschen	waschen und entsteinen.
2 EL Rohrzucker	
1/4 TL Vanille, gemahlen	mit den Sauerkirschen vermischen.
1/2 Zitrone, fein gehackte Schale	
1 Prise reines Kakaopulver	
3 Eigelbe	unter den abgekühlten Brei mischen.
3 Eiweiße	steif schlagen und vorsichtig unterheben. Der Brei sollte jetzt nur noch handwarm sein, da der Eischnee sonst zusammenfällt.

Auflauf backen

	Eine Hälfte des Breis in die vorbereitete Form einfüllen. Obst darauf schichten. Mit der anderen Hälfte des Breis bedecken.
Semmelbrösel	in einer dünnen Schicht darüberstreuen.
Butterflöckchen	darüber verteilen.
	60 Minuten auf der mittleren Schiene des Backofens backen. Der Auflauf sollte eine goldgelbe Kruste bekommen.

Dazu passt

Ingwer-Zitrus-Soße (Rezept S. 124) zum Grießauflauf, Vanillesoße zu beiden Varianten

Tipps

- Saisonobst verwenden, z. B. Aprikosen, Rote Johannisbeeren, Zwetschgen, Birnen. Oder im Winter eingekochtes Obst oder ein Glas aus dem Naturkostladen nehmen. Dann den Saft auffangen und mit etwas Kuzu binden. Soße zum Auflauf reichen.
- Varianten können auch ohne Obst zubereitet werden. Dazu schmeckt sehr gut Kompott (Rezept S. 122/123) oder im Sommer Erdbeer-Rhabarber-Mus (Rezept S. 124). Unter den Hirseauflauf z. B. Rosinen und Nüsse mischen.
- Statt Mandelsplitter fein gehackte Walnüsse oder Haselnüsse verwenden.
- Übrig gebliebenen Auflauf in Stücke schneiden und als Grieß- oder Hirseschnitten in der Bratpfanne in Butter braten.
- **Mitnehmen:** Aufläufe kalt essen.

Haus-
gemachte
Vorräte

Wie schön ist es, wenn man immer etwas im Haus hat.
Eine selbst gemachte Erdbeermarmelade im Winter weckt alle Erinnerungen an den Sommer, Pellkartoffeln mit Petersilienpesto sind eine schnelle köstliche Abendmahlzeit und die Suppenwürzen sind beim Kochen immer zur Hand.

WECK

Unsere Rezepte basieren auf traditionellen Konservierungsmethoden, die den Vorteil haben, Aromen auf dem Höhepunkt ihrer Wirkung durch das Einlegen in Öl oder Salz, Aufkochen mit Zucker oder durch Trocknen zu verstärken. Das heißt: voller Geschmack, gute Bekömmlichkeit, längere Haltbarkeit.

Das Einfrieren von Nahrungsmitteln dagegen verursacht Verlust von Aromen. Eingefrorenes ist zwar lange haltbar, aber nach unserer Erfahrung in der Ernährungsberatung sehr unbekömmlich. Außerdem handelt es sich um eine der Konservierungsmethoden, die keinerlei Geschmacksgewinn, sondern Geschmacksverlust produziert. Kälte vermindert das Aroma von Gemüse, Obst und Fleisch und vor allem von Kräutern und damit die Verdaulichkeit und den Genuss.

Wir schlagen deshalb auch vor, frische gehackte Kräuter in Öl aufzubewahren, frisches Fleisch einschweißen zu lassen, fertiges Gulasch oder Rotkohl einzukochen oder lieber qualitativ gute Konserven wie z. B. Tomatenmark, Pesto oder Chutneys zu kaufen.

Tipps für die Vorratsküche

- Natürliche Konservierungsstoffe sind Öl, Essig, Zitrone, Salz, Zucker und Honig.
- Ergänzen kann man sie durch Kräuter und Gewürze wie Ingwer, Knoblauch, Thymian, Oregano, Lorbeer und Nelke, die auch gegen Pilze, Bakterien und Keime wirken und dadurch konservieren helfen. Sie sind deshalb ideal zum Einlegen und Marinieren von Fleisch, dass so vor der Verarbeitung länger aufbewahrt werden kann.
- Frische grüne Kräuter lassen sich problemlos in Öl aufbewahren und stehen dann sofort für ein Salatdressing oder als Klacks in einer Suppe zur Verfügung. Kräuter hierzu in kleine sterilisierte Schraubgläser (siehe nächste Spalte) füllen, so lange Öl aufgießen, bis sie luftdicht abgedeckt sind. Diese Schicht nach jeder Entnahme erneuern. Im Kühlschrank aufbewahren.
- Angebrochene Vorräte im Kühlschrank aufbewahren und eher kleinere 200-ml-Gläser verwenden.
- Verwenden Sie saubere Löffel, wenn angebrochene Vorräte wie Marmelade, Pesto oder Olivenpaste länger halten sollen.
- Viele Obstsorten lassen sich problemlos ohne weitere Zutaten »im eigenen Saft« einkochen. Wenn Sie Obst oder auch fertige Speisen wie Gulasch oder Tomatensoße einkochen möchten, empfehlen wir Ihnen, die Bedienungsanweisung Ihres Herdes durchzusehen. In ihr ist meist eine ausführliche und auf das Gerät abgestimmte Einkochanleitung enthalten.

Gläser sterilisieren

- Backofen auf 180 Grad vorheizen. Unbeschädigte Schraubgläser und deren Deckel spülen, mit klarem Wasser nachspülen und abtrocknen oder Gläser direkt aus der Spülmaschine nehmen. Gläser und Deckel auf ein Backblech geben und für 10 Minuten in den Backofen schieben. Herausnehmen und Gläser mit der Öffnung nach unten auf ein sauberes Küchentuch oder Haushaltspapier stellen.

Petersilienpesto mit Algenwürze

Petersilie begünstigt den Blutaufbau. Die Algen geben dem Pesto seine besondere Note durch ihre natürlichen Geschmacksverstärker und ihren hohen Mineraliengehalt. Man sollte sie aber bei Schilddrüsenüberfunktion weglassen. Der Geschmack des Pesto variiert durch die Verwendung krauser oder glatter Petersilie, durch die Intensität des Olivenöls und die unterschiedlichen Nüsse oder Samen, die man beigibt.

20 Minuten

Haltbarkeit: 4 Wochen

2 Bund krause Petersilie	waschen und grobe Stiele entfernen.
1 Prise edelsüßes Paprikapulver	
2 EL Mandeln, Pinien- oder Cashewkerne	dazugeben und alles durch einen Fleischwolf drehen oder pürieren.
Olivenöl	unterrühren, sodass eine cremige Masse entsteht.
1 Messerspitze Senf	
1 TL Algenflocken oder -pulver	unterrühren. Mit
Salz	abschmecken.
	Pesto in kleine sterilisierte Schraubgläser (siehe Kapiteleinleitung) füllen und vor dem Verschließen mit einer Schicht Öl luftdicht bedecken. Diese Schicht nach jeder Entnahme erneuern. Im Kühlschrank aufbewahren.

Tipp

- **Algenflocken herstellen:** 50 g Wakame-Algen auf einem Backblech bei 150 Grad im Backofen ca. 10 Minuten trocknen. Die Algen sollten nicht braun werden. Abgekühlt in einer Plastiktüte mit einem Nudelholz zerdrücken. Brösel durch ein Sieb geben, um holzige Teile zu entfernen. Ist auch als Würzmittel für Suppen oder Gemüse verwendbar und kann einfach in einen Salzstreuer gegeben werden.

Suppenwürzen

Haltbarkeit: mindestens 1 Jahr

An manchen Tagen ist nichts hilfreicher als eine schnelle Tasse heiße Brühe, eventuell ergänzt durch eine nahrhafte Einlage. Fertige Brühwürfel sind zwar eine Möglichkeit, schnell eine Suppe herzustellen, aber auch chemische Wunderwerke. Sogar einige »Bio-Würfel« enthalten Geschmacksverstärker. Zum Glück gibt es aber eine altbewährte Tradition der Herstellung von Suppenwürzen aus Gemüse und Fleisch. Wir haben diese Rezepte durch Beigaben von Ingwer und Bockshornkleesaat im Sinne der 5-Elemente-Lehre ergänzt. Mit unseren Suppenwürzen sorgen Sie mit einer einmaligen Aktion lange Zeit für schnelles Kochen vor.
Der Einsatz des Fleischwolfs ist nötig, um die Gemüsefasern aufzubrechen. Wir verwenden dabei am liebsten ein altmodisches gusseisernes handbetriebenes Modell. Aber mit einem Aufsatz auf der Küchenmaschine funktioniert die Herstellung auch.

Gemüsewürze

2 Stunden

Das Grundrezept stammt aus der Familie unserer Freundin Claudia. Ihre Oma Johanna hat damit die Fülle an Gemüse aus dem Garten verarbeitet.

	Gläser sterilisieren (siehe Kapiteleinleitung).
2 1/2 kg reife Tomaten	waschen, vierteln und Stielansatz herausschneiden. In einem Topf ohne sonstige Zugabe auf mittlerem Feuer in ca. 20 Minuten weich dünsten. In der Zwischenzeit
500 g Karotten *500 g Knollensellerie* *500 g Lauch (ohne Grün)* *50 g frischen Ingwer*	putzen, bzw. schälen, und klein schneiden. Achtung: Gemüse und Ingwer im geputzten Zustand wiegen. Weich gekochte Tomaten passieren. Das geht prima mit einer »Flotten Lotte« (ein altertümliches, aber erprobtes Passiergerät). Oder durch ein grobes Sieb drücken, bis nur noch Schalen übrig bleiben, und abkühlen lassen. Klein geschnittenes Gemüse und Ingwer mischen und zusammen durch einen Fleischwolf drehen.
500 g Salz *2 TL Bockshornkleesaat, gemahlen*	mit dem Gemüsebrei und den abgekühlten passierten Tomaten mischen. Suppengemüse in die sterilisierten Gläser einfüllen und fest verschließen.

Fleischextrakt

Das ist die Fleischvariante zu unserer Gemüsewürze. Das Rezept stammt von der Mutter unserer Freundin Serena aus Italien.

60 Minuten + 2 $^1/_2$ Stunden Garzeit

300 g Hühnerbrust
300 g mageres Rindfleisch in kleine Stücke schneiden und durch einen Fleischwolf drehen.

300 g Karotten
300 g Knollensellerie
300 g Zwiebeln
100 g frischen Ingwer waschen, schälen und in kleine Stücke schneiden. Ebenfalls durch den Fleischwolf drehen und mit dem Hackfleisch vermischen.

Backofen auf 100 Grad vorheizen.

500 g Salz mit der Hälfte davon den Boden eines großen, feuerfesten Topfes gleichmäßig bedecken. Gemüse-Fleisch-Mischung darüber schichten. Restliches Salz gleichmäßig darüber verteilen. Deckel auflegen.

Im vorgeheizten Backofen 2 $^1/_2$ Stunden backen. Auskühlen lassen.

In der Zwischenzeit Gläser sterilisieren (siehe Kapiteleinleitung).

Abgekühlte Masse pürieren. Sie sollte so fein wie Babybrei werden. Abfüllen und im Kühlschrank aufbewahren.

Tipps

- Sie können unsere Suppenwürzen verwenden wie einen Brühwürfel – sparsam dosieren, da sie sehr salzig sind.
- Zum Herstellen von Brühe ca. 1 gehäuften EL Suppenwürze in 1 Liter Wasser 5 Minuten aufkochen.
- Brühe ergänzen mit frischem Gemüse, vorgekochten Suppennudeln oder vorgekochtem Getreide.

Brühe verwenden: z. B. für Risotto (Rezept S. 72) oder Reisvariationen (Rezept S. 70/71), geröstete Grießsuppe (Rezept S. 38), zum Pochieren von Fleisch (Rezept S. 91), zum Dünsten von Gemüse

Bouillongemüse: Größere Stücke von geschälten Kartoffeln, Karotten oder Petersilienwurzeln in Brühe kochen und mit Petersilie bestreut servieren.

Eierflockensuppe: 1 Ei mit Muskat, Salz und gehackter Petersilie verquirlen und unter Rühren in die kochende Brühe einlaufen lassen. Sofort servieren.

Marmelade
von Juni bis August

1 Stunde

Haltbarkeit: 12 Monate

Mit Marmelade bewahren wir den Sommer im Glas auf. Sobald wir auf dem Wochenmarkt die Berge von frischen Beeren sehen, überkommt uns die jährliche Eichhornleidenschaft – für die kalte Jahreszeit etwas von dieser Fülle zu konservieren. Wir beginnen im Juni mit Erdbeermarmelade.
Selbst gemachte Marmelade können wir nach Belieben würzen und außerdem die Qualität durch beste Früchte und gehaltvollen Rohrzucker bestimmen. Und es geht schneller, als man denkt.

	Gläser sterilisieren (siehe Kapiteleinleitung)
1 kg Erdbeeren	putzen, waschen und vierteln. In einen großen Topf geben.
500 g Rohrzucker und 1 Päckchen Gelierfix oder 500 g Gelierzucker 2 zu 1 (Bio)	beigeben, verrühren und mit einem Kartoffelstampfer oder einer Gabel zerdrücken. 10 Minuten stehen lassen.
1 EL frischen Ingwer, fein gehackt oder eine Handvoll Blätter frische Pfefferminze, fein gehackt 1 Prise Salz 1 Zitrone, Saft und fein gehackte Schale $^{1}/_{4}$ TL Kakao Mark einer Vanilleschote	zum Obst geben und alles zusammen bei starker Hitze unter Rühren zum Kochen bringen.

Ab jetzt 4 Minuten unter weiterem Rühren sprudelnd kochen lassen.
Gelierprobe: Kurz vor Ablauf der Kochzeit den Kochlöffel aus der Marmelade nehmen und die heiße Masse abtropfen lassen. Wird der letzte Tropfen fest, so wird auch die Konfitüre fest. Andernfalls verlängern Sie die Kochzeit um 1–2 Minuten.
Marmelade heiß in die Gläser füllen. Sofort verschließen, für 5 Minuten auf den Kopf stellen, wieder umdrehen und abkühlen lassen.

Tipps

- Erdbeeren mit anderen Beeren mischen.
- Himbeere pur nur mit Vanille würzen.
- Heidelbeeren nur mit Zimt und fein gehackter Zitronenschale würzen.
- Sauerkirschen mit 100 g Zucker mehr und Kardamomkapseln einkochen.

Zwetschgenmus
von August bis Oktober

Ein kräftiges Roggensauerteigbrot mit Butter, darauf selbst gemachtes Zwetschgenmus, ist eine prima Alternative zu Kuchen – auch für Kinder. Zwetschgen sind im Unterschied zu Pflaumen etwas länglicher, dunkler in der Farbe und lassen sich leichter vom Stein lösen. Die ersten Zwetschgen gibt es schon im August, die letzten Spätzwetschgen – je nach Witterung – noch im Oktober. Sie entfalten ihr Aroma in besonderer Weise als lange gekochtes Mus mit erwärmenden, duftenden Gewürzen. Durch das lange Kochen entwickelt sich viel Fruchtsüße und man benötigt keinen Zucker. In Österreich nennt man Zwetschgenmus »Powidel« und bei uns in Hessen »Latwerge« (sprich Latwersch).

45 Minuten + 3 1/2 Stunden Kochzeit

Haltbarkeit: 12 Monate

3 kg vollreife Zwetschgen waschen, halbieren und entsteinen. In einen großen Topf geben.

2 Zimtstangen
4 Sternanis
4 Nelken
1 daumenlanges Stück frischen Ingwer, fein gehackt
1 Prise Salz
1 daumenlanges Stück Zitronenschale dazugeben und Zwetschgen vorsichtig erhitzen und weich kochen.

In der Zwischenzeit den Backofen auf 150 Grad vorheizen.
Topf ohne Deckel auf der mittleren Schiene in den Backofen schieben.
Ca. 3 Stunden schmoren lassen, bis die Masse zu einem zähflüssigen Mus eingekocht ist. Gelegentlich umrühren.
Vor Ende der Kochzeit Gläser sterilisieren (siehe Kapiteleinleitung).
Zimtstangen, Sternanis und Zitronenschale entfernen.
Mus heiß mit einem Einfülltrichter oder einer Soßenkelle in die Gläser füllen. Abkühlen lassen.

Passt zu

Crostata (Rezept S. 128), Roggensauerteigbrot mit Butter, Pfannkuchen (Rezept S. 24), Germknödel als Füllung

Rezeptregister

*Seitenzahlen mit * kennzeichnen Verweise auf Rezeptvariationen oder Tipps*

Suppen

Gemüse und Blattsalate

Getreide und Kartoffeln

Fleisch und Fisch

Hülsenfrüchte und Tofu

Dressings, Dips und kleine Beigaben

Kompotte und Süßspeisen

Hausgemachte Vorräte

Die Autorinnen

Gabriele Klinger
Gabriele Klinger eröffnete 1994, nach Abschluss ihrer Ausbildung zur Heilpraktikerin und zur Ernährungsberaterin im Bereich der chinesischen Medizin, ihre Praxis für Ernährungsberatung in Frankfurt am Main. In diesem Rahmen leitet sie regelmäßig Kochkurse sowie Seminare zu Ernährungsfragen und ist in der Ausbildung für Ernährungsberaterinnen nach der 5-Elemente-Lehre seit 1997 als Dozentin tätig. Zusätzlich arbeitet sie als Organisationsleiterin und Gruppenbetreuerin in einem staatlich anerkannten Ausbildungsinstitut für Psychotherapie.
Die Lust am Kochen und das Wissen um viele Küchengeheimnisse stammen aus Kindertagen, in denen sie mit ihrer Mutter und Schwester oft für die Familie kochte. Gabriele Klinger kocht mit Begeisterung für große Gruppen, unter anderem während ihrer früheren Tätigkeit in einem Seminar- und Tagungshaus. Hier führt sie auch Koch- und Backseminare durch.

Christina Duve
Christina Duve ist in einer Familie in Belgien aufgewachsen, für die das Essen ein wichtiger Bestandteil der Lebenskultur war. Seit mehr als 20 Jahren kocht sie leidenschaftlich gerne. Neben der belgischen Küche kennt sie besonders gut die Küchen der Schweiz, der USA und Italiens und lässt sich dadurch inspirieren. 2003 hat sie sich zur Ernährungsberaterin im Bereich der Traditionellen Chinesischen Medizin ausbilden lassen. Bevor sich Christina Duve voll auf das Kochen konzentrierte, arbeitete sie als Speditionskauffrau, schloss ein Jurastudium ab, war in verschiedenen kaufmännischen Funktionen in einem Lebensmittel- und Konsumgüterunternehmen sowie im Kulturmanagement eines Museums für zeitgenössische Kunst tätig.

Bewährte Bezugsquellen und Hersteller

- Essig: Weinessiggut Doktorenhof, 67482 Venningen, Tel. 06323/55 05, www.doktorenhof.de
- Gewürze: Reformhaus (Brecht), Naturkostladen (Sonnentor, Lebensbaum), Manufactum
- Asiatische Exoten: Ruskin, Lima, Arche (Naturkostladen oder Internet)
- Küchengeräte: Manufactum Versand, Tel. 02309/93 90 50 (auch Gewürze und Öle)

Außerdem: Die Suchmaschine www.allesbio.de liefert Bezugsquellen für Bioprodukte in ganz Deutschland. Naturkostläden, Fleischer, Bäckereien, Winzer, Großhändler und Biohöfe mit Direktverkauf sind sowohl nach Regionen als auch nach Produktsparten abrufbar.

Weiterführende Literatur zur 5-Elemente-Ernährungslehre

Barbara Temelie:
Ernährung nach den Fünf Elementen, Joy 1999
Christiane Seifert:
Die Fünf-Elemente-Küche, Knaur 2005
Karola Schneider:
Kraftsuppen nach der Chinesischen Heilkunde, Joy 1999
Bengt Jacoby:
Gesünder leben mit den Fünf Elementen, Herder 2002

Beratungen, Kochkurse und Ausbildungen

- Gabriele Klinger, Praxis für Ernährungsberatung, 60325 Frankfurt am Main, Tel. 069/75 28 99, www.tcm-5-elemente-ernaehrung.de
- Barbara Temelie, Ernährung nach den Fünf Elementen, 83601 Holzkirchen, Tel. 0700/53 53 63 68, www.barbaratemelie.de
- Christiane Seifert, Praxis für chinesische Medizin und Ernährungsberatung, 55296 Harxheim, Tel. 06138/77 98, www.tcm-seifert.de
- Verband: Ernährung nach den 5 Elementen e.V., www.5-elemente-ev.de
- Österreich: Praxis für Ernährungsberatung Susanne Peroutka, Cherubinistr. 6, 1220 Wien, Tel. 0043/1/40 29 186
- Schweiz: Andrea Risi, Praxis für Ernährungsberatung, 6314 Unterägeri, Tel. 0041/848/00 08 80, andrearisi@bluewin.ch

Danksagung

Das gemeinsame Schreiben dieses Buches hat uns viel Freude bereitet. Angefeuert und unterstützt wurden wir von unseren Familien, Freundinnen und Freunden. Dafür danken wir ihnen von Herzen. Ebenso geht unser Dank an: Patienten und Seminarteilnehmer für ihre Motivation durch ständige Nachfrage nach Rezepten, Nicola Meier für ihre Begeisterung für unser Projekt und ihre engagierte Pressearbeit, unserer Lektorin Annette Maas für ihre Geduld und kreativen Ideen bei der Verwandlung unseres Manuskripts in ein Buch, Barbara Temelie, Christiane Seifert und Susanne Peroutka für ihr 5-Elemente-Wissen, das sie mit uns geteilt haben. Die Arbeit am Buch ist nicht zuletzt auch leicht gefallen durch den ständigen Segen und die Inspiration von all denen, die uns immer wieder zeigen, dass unser Geist furchtlos und mitfühlend, voller Freude und Tatkraft ist – vielen Dank!

Impressum

Bibliographische Information der Deutschen Bibliothek
Die Deutsche Bibliothek verzeichnet diese Publikation in der Deutschen Nationalbibliographie; detaillierte bibliographische Daten sind im Internet über http://dnb.ddb.de abrufbar.

BLV Buchverlag GmbH & Co. KG
80797 München

Bildnachweis: alle Fotos von Margarete Janssen, außer S. 142: Frank Röth

Umschlaggestaltung: Sabine Fuchs, fuchs_design, Ottobrunn
Umschlagfotos: Margarete Janssen
Lektorat: Annette Maas
Herstellung: Angelika Tröger
Layoutkonzept Innenteil: Ruth Bost
Layout und Satz: Angelika Tröger

Gedruckt auf chlorfrei gebleichtem Papier

Printed in Germany
ISBN 978-3-8354-0182-2

Hinweis
Das vorliegende Buch wurde sorgfältig erarbeitet. Dennoch erfolgen alle Angaben ohne Gewähr. Weder Autorinnen noch Verlag können für eventuelle Nachteile oder Schäden, die aus den im Buch vorgestellten Informationen resultieren, eine Haftung übernehmen.

Eine kleine Auswahl aus unserem großen Programm

Hedwig Maria Stuber
Ich helf dir kochen
Der ewig junge Klassiker – millionenfach bewährt, zum Jubiläum komplett neu: über 2000 Rezepte zum Kochen und Backen mit vielen neuen Rezeptideen, mit 72 Seiten mehr Umfang, größerem Format, neuem Layout und neuen Fotos.
ISBN 978-3-405-17040-0

Hedwig Maria Stuber
Ich helf dir backen
Die Back-Stube(r), der Partnerband zum Millionenseller »Ich helf dir kochen«: rund 400 Backrezepte für Süßes und Pikantes – nationale und internationale Klassiker ohne Schnickschnack, leicht nachzubacken, mit 100% Gelingsicherheit.
ISBN 978-3-8354-0064-1

Christa Muhle-Witt
Wild in der Küche
Das bewährte, umfassende Standardwerk – komplett aktualisiert, in größerem Format, mit neuem Layout: 325 bewährte und neue Rezepte zu 15 Wildarten; Suppen, Beilagen und Saucen; die Basics zur Küchenpraxis mit Schritt-für-Schritt-Anleitungen.
ISBN 978-3-8354-0206-5

Josef Zauner (Hrsg.)
Backen vom Feinsten
Das Paradies für Schlemmer: köstliche Kreationen aus der Backstube und verführerische Mehlspeisen – traditionelle Spezialitäten und moderne Rezepte von der k. und k. Donaumonarchie bis zur Küchenpraxis heute.
ISBN 978-3-8354-0228-7

Chris Schreiber
Lazy kochen
Über 200 kreative Rezepte, inspiriert vom Besten der internationalen Küche und erstklassiger Hausmannskost – lazy nachzukochen mit einfachen Mitteln und geringem Aufwand, aber stets auf hohem Niveau; mit Gourmet-, Einkaufs- und Lazy-Tipps.
ISBN 978-3-8354-0002-3

Chris Schreiber / Jerry Goldberg
Spicy – Scharf abnehmen
Das clevere Prinzip: Fett weg durch die Energie der Gewürze; 10-Tage-Quick-Start: Ernährung umstellen auf »hot & spicy«; 145 heiße Rezepte von Snacks über Sattmacher-Salate bis zu Pasta, Fisch und Huhn.
ISBN 978-3-8354-0005-4

Die zuverlässigen Berater

BLV Bücher bieten mehr:

- mehr Wissen
- mehr Erfahrung
- mehr Innovation
- mehr Praxisnutzen
- mehr Qualität

Denn 60 Jahre Ratgeberkompetenz sind nicht zu schlagen!

Unser Buchprogramm umfasst über 750 Titel zu den Themen

Garten · Natur · Heimtiere · Jagd · Angeln · Sport · Golf · Reiten · Alpinismus · Fitness · Gesundheit · Kochen.

Ausführliche Informationen erhalten Sie unter **www.blv.de**

Dass Sie sich gut beraten fühlen – das ist unser Ziel. Falls Sie Fragen und/oder Anregungen haben, schreiben Sie uns bitte:

BLV Buchverlag GmbH & Co. KG
Lektorat · Lothstraße 19
80797 München
Postfach 40 02 20
80702 München
Telefon 089/12 02 12-0 · Fax -121
E-mail: blv.verlag@blv.de

blv

MEHR ERLESEN!